“非遗”生产性保护政策支持研究

以安徽省部分企业为例

鲍 婧 著

中国戏剧出版社
CHINA THEATRE PRESS

图书在版编目（CIP）数据

“非遗”生产性保护政策支持研究 ： 以安徽省部分企业为例 / 鲍婧著 . — 北京 ： 中国戏剧出版社， 2022.9

ISBN 978-7-104-05283-8

Ⅰ. ①非… Ⅱ. ①鲍… Ⅲ. ①非物质文化遗产－保护－政策支持－研究－安徽 Ⅳ. ① G127.54

中国版本图书馆 CIP 数据核字（2022）第 177665 号

“非遗”生产性保护政策支持研究：以安徽省部分企业为例

责任编辑：王　恬
责任印制：冯志强

出版发行：中国戏剧出版社
出 版 人：樊国宾
社　　址：北京市西城区天宁寺前街 2 号国家音乐产业基地 L 座
邮　　编：100055
网　　址：www.theatrebook.cn
电　　话：010-63385980（总编室）　010-63381560（发行部）
传　　真：010-63381560

读者服务：010-63381560
邮购地址：北京市西城区天宁寺前街 2 号国家音乐产业基地 L 座

印　　刷：北京九州迅驰传媒文化有限公司
开　　本：787mm×1092mm　1/16
印　　张：20.75
字　　数：230 千字
版　　次：2022 年 9 月　北京第 1 版第 1 次印刷
书　　号：ISBN 978-7-104-05283-8
定　　价：120.00 元

目录

第三章　问题分析

第四章 经验启示

第五章 政策建议

中文摘要

非物质文化遗产是中华优秀传统文化的重要组成部分，是发展现代文化产业和旅游业的核心文化要素。保护好、传承好、弘扬好非遗，对于延续历史文脉、坚定文化自信、推动文明交流互鉴、建设社会主义文化强国具有重要意义。其中，生产性保护是指非遗传承人运用劳动工具和特殊技能，以保持非物质文化遗产的真实性、整体性和传承性为核心，以有效传承非物质文化遗产技艺为前提，借助生产、流通、销售等手段，将非物质文化遗产及其资源转化为文化产品，满足人们物质文化需要的生产实践过程，从而实现活态的、自觉的、积极的非物质文化遗产保护的目的。

从2005年国务院办公厅颁发《关于加强我国非物质文化遗产保护工作的意见》，到2012年文化部颁布实施《关于加强非物质文化遗产生产性保护的指导意见》，生产性保护这种模式由民间自发形成的传承方式进入由政府主导和支持的发展模式，已走过十余年历程。当前，如何进一步构建科学合理的保护体系，引导民众积极参与非物质文化遗产保护工作，确保非物质文化遗产生产性保护在现代市场经济体制的框架内良性发展，避免由于传承人断层、原料枯竭、资金短缺、政策缺位越位等因素造成的技艺失传、项目消亡等问题，已成为政府和各界共同关注的课题。

本书在深入调研安徽省休宁县万安吴鲁衡罗经老店、黄山市屯溪区杨文笔庄、歙县老胡开文墨业有限公司、黄山市屯溪胡开文墨厂、中国宣纸集团、黄山徽字号雕刻有限公司六家非遗企业的基础上，从政府在非遗保护工作中的主导地位切入，总结了生产性保护取得的阶段性成果，分析了目前仍然存在的问题及面临的困难。通过梳理日本、韩国、法国、意大利四国在文化遗产保护领域的做法，总结规律，借鉴经验，从政府管理、企业运营、传承人体系建设、原材料供应、财政政策支持等方面提出相应的解决方案和应对策略，希望能对我国非物质文化遗产生产性保护的未来发展路径提供切实可行的参考依据。

关键词：非物质文化遗产，生产性保护，政策支持

绪论

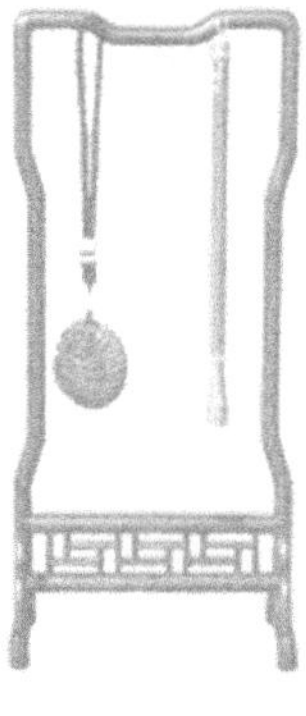

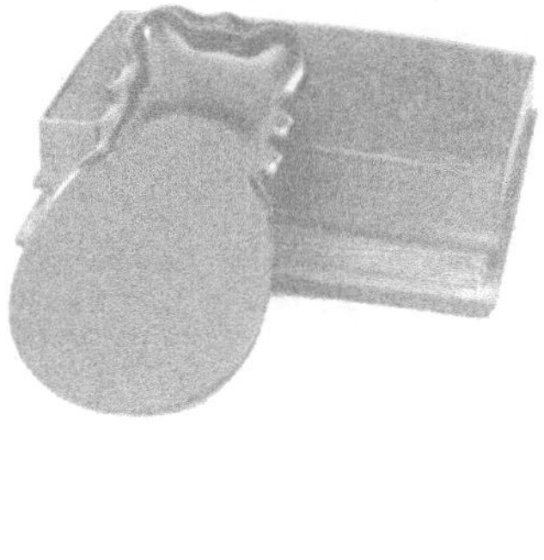

第一节 命题背景

自近代以来，伴随西学东渐，大量西方文化得以引入国内。因此，一味学习西方、努力追求现代化、倡导“脱贫脱弱”成为一种主要思想潮流。在中西文化碰撞、传统遭遇现代的时代背景下，我们的传统文化正面临着前所未有的危机，“每一分钟，就可能有一首民歌、一种技艺、一座古建永远地消失了”。[①] 传统文化是历史上生成、积淀于当下的宝贵财富，它是一个国家、民族传承发展的根本，是民族精神的体现，是民族血脉的延续，更是一个民族不断向前发展的动力和保证。然而，近代以来，由于对“我者”文化的无知与不自信，我们逐渐在追求工业化的道路上丢失了优良的传统工艺，逐渐在寻觅现代化的发展中主动丢弃了祖先留给我们的丰厚文化财富，从而导致了传统文化在与世界接轨的浪潮中逐渐式微。有学者比喻说，“为了一些进步，我们付出了许多代价……如同我们的民族像一个踉踉跄跄、拼命奔跑的人，一边狂奔一

① 田青:《我的反省与思考》，北京时代文华书局 2015 年版，第 4 页。

边掉东西，最后把祖祖辈辈留给我们的传家宝都遗失了，再也找不回来了，等实现现代化这个远大目标时，我们将一无所有，精赤条条，光剩下钱了"。[①] 文化自觉的生发往往是在重大文化危机之后的深刻反省。在20世纪末与21世纪初的"世纪之交"，人们逐渐意识到保护传统文化的重要性。因此，在文化自觉意识不断增强的背景下，非物质文化遗产保护的春风拂过万水千山，这既是时代召唤，亦是历史责任。保护非物质文化遗产，即是在最大限度地彰显民族精神，保护民族的未来。

经济全球化与文化多元化的世界，日新月异的科技革命是一把"双刃剑"，既给人类的物质世界带来诸多新变化，亦使传统文化面临着新的危机与挑战。面对传统文化保护的难题，多个国家开启了非物质文化遗产保护工程，其是世界各国的传统文化在面对现代化的生存危机中采取的一项保护措施，以"公约"形式在世界各国引起广泛认同，以便"在国际层面利用多种形式推广和抢救非物质文化遗产。教科文组织设立这个新的荣誉称号，意在警示国际社会，使其注意到活态遗产的重要性及对其实施保护的迫切性"。[②] 在经济全球化背景下，如何保持各国文化的独立性成为当今世界的共同话题。大力发展文化产业就是一条增强国家文化软实力和文化自信的必经之路，运用文化元素来聚集人力物力，将优秀文化产品推向国内国际市场，不仅可以实现经济和文化的良性循环，也必然提升本国文化的传播力和影响力。根据外部性的差异，文化产品

① 田青：《我的反省与思考》，北京时代文华书局2015年版，第21—22页。

② 邹启山：《人类非物质文化遗产代表作》，大象出版社2006年版，第3页。

可分为公益品和公害品。其中，公益品是指免费或者低费提供的具有正外部效应的一类物品，能够增进居民的福利。[①] 非遗文化产品便具有显著的正外部效应，其正外部性体现为：产品的供给和需求能够带动地区经济的发展，收入的增加必然提高了人民的生活水平；非遗产品是优秀传统文化的外在表现形式之一，其独具的原创性能够促进手工艺文化在当地社会成员中的传承和发展，从而增强文化的凝聚力，保持民族文化的纯正性和延续性。

在发展现代经济文化的征程中，保护具有强烈民族特色的各国传统文化遗产，利用其独特的社会价值和经济价值保持文化多样性，便不失为一条绝佳途径。就如何保护传承并合理开发利用“非遗”的问题，世界各国虽面临不同的情势，但在相关问题上已达成广泛共识——联合国教科文组织于2003年通过了《保护非物质文化遗产公约》，其在最广泛的意义上明确了世界各国保护非物质文化遗产的重要性和紧迫性，呼吁各国根据自身情况，加紧修订相关法律法规，加强对本国文化遗产的有效保护。

中国政府对非物质文化遗产的保护传承工作也越发重视，近年来一系列非遗相关法律法规的诞生，让非遗保护工作逐步从自由放任式向规范化保护轨道转变。2005年3月，国务院下发了《关于加强我国非物质文化遗产保护工作的意见》；同年12月下发《关于加强文化遗产保护的通知》，决定从2006年起，将每年6月的第二个星期六定为“文化遗产

① 朱丽：《泰安市农村公共文化事业投入问题研究》，山东农业大学2009年硕士学位论文。

日"；2006年5月下发《关于公布第一批国家级非物质文化遗产名录的通知》，建立了我国第一批国家级非物质文化遗产名录共518项；2011年2月，全国人大常委会审议通过了《中华人民共和国非物质文化遗产法》①，成为继《文物保护法》后国家文化领域的第二部立法，把非物质文化遗产保护工作全面推向法制化建设的轨道，并从国家发展战略的高度提出了非物质文化遗产保护传承工作的新目标。这一系列法律法规的相继出台，标志着我国非遗的保护传承工作进入了新的历史阶段，正式奠定了法律保护的基础。

与此同时，政府还与相关领域的专家学者进行深度合作，从财政学、管理学、社会学等多个角度出发，共同探讨非遗事业发展事宜，制定了一系列针对非遗保护的政策法规和管理办法，从理论上为非遗的传承发展提供了有力支撑。2010年，文化部非物质文化遗产司副司长马盛德在接受记者采访时说："中国实施非遗保护，主要采取抢救性保护、生产性保护、整体性保护、立法保护四种重要方式。"②其中，非物质文化遗产生产性保护是指非物质文化遗产传承人运用劳动工具和特殊技能，将文化资源转化为经济产品或服务，以满足人们物质文化和精神需要的生产实践过程，从而达到活态地、自觉地、积极地保护非物质文化遗产的目的。然而，并不是所有的非遗项目都适用生产性保护方式，适用于生产性保护的主要是指传统技艺、传统医药和部分传统美术类非遗项目。

---

① 张宝宗：《加强非物质文化遗产生产性保护》，《吉林日报》2011年4月2日。

② 《"非遗"的生产性保护》，《羊城晚报》2011年6月26日。

这些非遗项目不仅具有鲜明的民族文化特色，还具有耗能低、污染少、收益快等特点，适合发展劳动密集型特色文化产业，因此在带动相关产业发展、拉动内需、扩大就业方面能够发挥重要作用。开展非物质文化遗产生产性保护，在保护的前提和基础上合理开发利用，可以推动非物质文化遗产更好地融入社会、融入民众、融入生活，丰富滋养当代人的精神生活，推动政治、经济、文化、社会的协调发展。① 在这一思路指导下，一些非物质文化遗产项目通过生产性保护，焕发出勃勃生机。通过民间能工巧匠们的努力，使得传统手工艺品步入市场，走进千家万户，登上国际舞台，巧夺天工的技艺让中国人倍感自豪的同时，也让世界为之惊叹，古老的传统工艺不仅没有随着时空的转换褪色，反而在现代化的传承和创新中历久弥新。

但是非遗产生的收益多为隐性收益，这种收益不便以货币计量方式准确衡量其经济价值及社会价值，给非遗项目的评价造成了较大的困难。既无法权衡哪些项目是具有保护和发展需要的，也难以从限制性而非愿景性的角度来给予政策保障。因此，我们必须在深入调研和总结研究的基础上，进行科学的数据分析和详细的案例对比之后拟制出相应的财政、金融政策予以扶持，避免走入行政意志决定的模式。

① 张宝宗:《加强非物质文化遗产生产性保护》,《吉林日报》2011 年 4 月 2 日。

第二节　概念及内涵

一、非物质文化遗产的概念及内涵

非物质文化遗产是相对物质文化遗产而言的，二者一道被称为“文化遗产”。非物质文化遗产作为一个学术概念，产生于20世纪80年代。1982年，联合国教科文组织设立了一个名为“非物质遗产”的管理部门，进而标志着这一概念在体制上的明确使用。实际上，日本早在1950年拟定、颁布的《文化财保护法》中，就首次提出过“无形文化财”的概念，这一术语被学术界普遍认为是可与非物质文化遗产概念意义相等同，且可与其在内涵、外延上互换的身份概念。因此，联合国教科文组织受日本“无形文化财”影响，于1992年将其更名为“无形遗产”，即便如此，无形文化财概念的提出与使用至今也才70余年。

“非物质遗产”概念传入国内或在中文视域中使用相对较晚。直至21世纪以后，虽然这一概念术语已被翻译而来，但其仍是一个较为生僻的词汇。这一概念引起广泛关注是在2001年，彼时我国正在积极向联合国教科文组织申报首批非物质文化遗产代表作项目，正是在“申遗”过程中，相关政府部门、研究机构、学术团体举办一系列活动，相关媒体实时报导，进而促使非物质文化遗产这一概念开始走进公众视野，为大众所熟知。“非物质文化遗产”的诞生是出于保护的需要。1972年，联合国教科文组织在巴黎通过了《世界遗产公约》（全称为《保护世界文化和自然遗产公约》)，这一文件的拟定与颁布是为了适应当时世界范围下的文化与自然遗产保护所面临的困境与需要而产生的，它的实施对世界范围内的自然遗产和文化保护发展产生了巨大的推动作用。自然遗产隶属物质遗产领域，在这里“文化遗产”亦指物质文化遗产。在《世界遗产公约》中，文化遗产仅包含三类，即建筑群、遗址和文物。虽然从今天看来，这样的分类还不够完善、确切与全面，但已基本囊括了物质类文化遗产的意涵。值得注意的是，此时，非物质文化遗产并未走进联合国教科文组织的视野，更遑论将其纳入到正式的文件中加以保护了。

在《世界遗产公约》实施以后，人类文化遗产中不能被物质遗产所涵盖的其他文化遗产也开始面临着被破坏甚至消亡的危机，这同样引起了世界各国在该方面的空前重视。因此，针对这一现象，联合国教科文组织将保护物质类文化遗产之外的文化遗产保护工作提上了日程。面对除物质类文化遗产之外的文化遗产，教科文组织首先面临的就是分类问题，起初，该组织将文化遗产分为物质与非物质遗产，后又受日本影响，启用有形与无形遗产代之。换句话讲，对于非物质或无形文化遗产的重视及分类，是对《世界遗产公约》文件的一次补充和完善，进一步促使文化遗产保护更趋成熟。1989 年，教科文组织在巴黎通过了《保护民间创作建议案》，正式以文件的形式提出了非物质文化遗产保护的提议。然而，这一提案虽然提出保护非物质文化遗产的倡议，但并未明确使用非物质文化遗产这一概念，仅是以“民间创作”或“民间传统文化”来命名。当时文件将“民间创作”界定为:“民间创作（或传统的民间文化）是指来自某一文化社区的全部创作，这些创作以传统为依据、由某一群体或一些个体所表达并被认为是符合社区期望的作为其文化和社会特性的表达形式；其准则和价值通过模仿或其他方式口头相传。它的形式包括：语言、文学、音乐、舞蹈、游戏、神话、礼仪、习惯、手工艺、建筑术及其他艺术。”①这种对于“民间创作”的解释，后在1997年被联合国教科文组织第29次全体会议通过的《人类口头和非物质遗产代表作宣言》所沿用，也就是说当时的“民间创作”即后来的“非物质文化遗产”，二者在内涵与定义上基本一致。2001年，在联合国第31届成员国大会中，正式将“非物质文化遗产”概念取代“民间创作”，并在《世界文化多样性宣言》中强调世界各国各民族的物质文化遗产与非物质文化遗产构成的全部文化遗产对于维护人类文化多样性具有重要的价值与意义，着重呼吁要加强对非物质文化遗产的大力保护。也就是在这一年，中国的昆曲艺术被列为联合国教科文组织第一批口头非物质文化遗产代表作项目。2003年，在第32届成员国大会上，又通过了《保护非物质文化遗产公约》，这是目前为止联合国出台的有关非物质文化遗产最为重要的一个官方文件，标志着非物质文化遗产保护已真正在世界各国达成共识，将其作为一个明确且具有相关效力的政策性文件来开展非物质文化遗产保护，进而将非物质文化遗产保护向纵深阶段推进，同时也预示了一个新的对象领域或新的学科领域的形成，需要人们对其进行学理性、体系性建构，探索它的本质和规律。

就非物质文化遗产所蕴含的内涵来看，《保护非物质文化遗产公约》

① 王文章：《非物质文化遗产概论》，教育科学出版社2013年版，第5页。

中明确指出，其“指被各群体、团体、有时为个人视为其文化遗产的各种实践、表演、表现形式、知识和技能及其有关的工具、实物、工艺品和文化场所。……包括以下方面：1. 口头传播和表现形式，包括作为非物质文化遗产媒介的语言；2. 表演艺术；3. 社会实践、礼仪、节庆活动；4. 有关自然界和宇宙的知识和实践；5. 传统手工艺”①。2005 年，国务院办公厅颁布的《加强我国非物质文化遗产保护工作的意见》，根据本国“国情”，在《保护非物质文化遗产公约》的基础上，对其定义及其内涵进行了调整，认为非物质文化遗产是“指各族人民世代相承的、与群众生活密切相关的各种传统文化表现形式（如民俗活动、表演艺术、传统知识和技能，以及与之相关的器具、实物和手工制品等）和文化空间”②，并将非物质文化遗产分为六类，即在“公约”五项的基础上又加入了“与上述内容相关的文化空间”这一项。

从《加强我国非物质文化遗产保护工作的意见》对“非物质文化遗产”概念的阐释中可以得出，其是与那种具有固定物质形态或固态文化遗产的物质文化遗产相对的称谓，更多地代表着民众的生产、生活方式。虽然非物质文化遗产多以物化形式得以展现，但其更主要的形态还是一种处于不断发展的活态形式，大多靠传承人口耳相承的方式进行延续，因此，又被称为“活态文化遗产”。非物质文化遗产所注重的是物质载体

① 联合国教科文组织：《〈保护非物质文化遗产公约〉基础文献汇编》，外文出版社 2012 年版，第 9—10 页。

② 王文章：《非物质文化遗产概论》，教育科学出版社 2013 年版，第 8 页。

所承载的那些独特思维方式、精湛技艺，以及精神内涵等所属的非物质形态范畴，其并非指某个具体的人，亦非某个具体的事物，但它又与人、物密切相关。就非物质文化遗产的物质载体与其本身之间的关系，我国民俗学家乌丙安先生曾列举古琴艺术加以说明构成非物质文化遗产的主体：“古琴，是物，它不是非物质文化遗产；古琴演奏家，是人，也不是非物质文化遗产，只有古琴的发明、制作、弹奏技巧、曲调谱写、演奏仪式、传承体系、思想内涵，等等，才是非物质文化遗产本体。所以，联合国批准的世界遗产是‘中国古琴艺术’，而不是古琴这个乐器或那些古琴演奏家，虽然古琴这种乐器和那些演奏家们都很重要。”①

二、非物质文化遗产生产性保护的概念及内涵

生产性保护是非物质文化遗产的一种传承、保护方式。它是指在具有生产性质的实践过程中，以保持非物质文化遗产的整体性、真实性、传承性为核心，以有效传承非物质文化遗产技艺为前提，借助生产、流通、销售等方式，将非物质文化遗产资源转化为文化产品的保护方式。在非物质文化遗产的众多保护方式中，生产性保护出现、起步较晚，进而致使该方面的研究发展亦较晚，然而，其对生产性保护的实施却后来者居上，引发了各方激烈的探讨，在非物质文化遗产保护道路上亦产生

① 乌丙安：《申报国家级非物质文化遗产合作名录的关键性问题》，《中国非物质文化遗产》2006年第1期，第39页。

了重要的积极影响。

王文章曾指出，以何种方式来保护非物质文化遗产是其自身面临的一个重要问题，倡导要以正确的原则与方式，“从实际出发，科学、全面、系统地抢救和保护现存的非物质文化遗产”。[①] 他将非物质文化遗产的基本保护方式分为五种，即建立保护名录制度；将非物质文化遗产转化为有形形式；在其生长的原始氛围中保持活力；转化为经济效益和资源；保护传承人。其中，“转化为经济效益和资源”即是生产性保护方式。可以说，王文章是较早明确提出生产性保护概念的学者，但遗憾的是，他未能在自己的学术成果中对其进行界定与详细的阐释，这也从侧面反映出其时人们还未明确这一概念，对其尚处于模糊理解的陌生阶段。并且生产性保护这一术语在当时与“产业运作”可作为意义相互等同的术语来使用，二者之间的概念纠缠以及“暧昧”关系，亦为后来的发展埋下了一定隐患。

在生产性保护概念提出两年以后，这一概念内涵成为学术界热议的主题，人们开始逐渐关注并且意识到这一领域的重要性。2008 年，在青海举办的“国际唐卡艺术及非物质文化遗产保护论坛”上便设立了“生产性方式保护与唐卡艺术发展”的议题，彼时专家学者们与商界代表围绕这一分议题做了初步的研讨，尤其是王华平的《生产性保护焕发唐卡新生机》的汇报演讲初次以唐卡艺术为例，运用生产性保护理论予以解读，以非物质文化遗产保护的研究视角，进一步扩大了生产性保护理论的影

① 王文章:《非物质文化遗产概论》，教育科学出版社 2013 年版，第 22 页。

响力。此次论坛的积极效应是确立了生产性保护理论的动力来源，从被动地输血抢救变为主动地造血生产。可以说，从2005年至2008年这四年间，生产性保护理论还处于刚刚起步的萌芽阶段，它的提出、实践与研究总结促使学者们广泛关注到这一理论的未来发展前景，并积极予以研究，在实践中不断探索非物质文化遗产生产性保护的可能性与可行性。

对于生产性保护理念而言，2009年是极其重要的一年，对于生产性保护理念的探讨达到了前所未有的高峰。如果说，在此之前，生产性保护仅是在以分议题的“小栏目”出现在学术研讨会中的话，那么在2009年就已经出现了关于这一论题的专项会议——“非物质文化遗产生产性方式保护论坛”，这也反映出生产性保护理念已越发受到人们的重视，需要从学理与实践的双重层面来予以建构。在论坛上，专家学者们围绕生产性保护的必要性与可行性、适用范围、与产业化的区分、管理等方面进行了热烈探讨，自此以后，生产性保护作为非物质文化遗产保护的一种新型途径与方式，越来越受到社会各界的广泛关注，这一阶段也是生产性保护理念发展的较为关键的一年。

2010年，王文章对曾经在《非物质文化遗产概论》（2006）中所提出的生产性保护进行了再次强调，将其与整体性保护、抢救性保护并提，认为“与抢救性保护的消极、被动不同，生产性保护更能体现‘积极’保护的原则，从而将生产性保护提高到了一个新的战略高度”①。在这一

① 杨维：《非物质文化遗产生产性保护诸问题研究》，中国艺术研究院2014年硕士学位论文，第14页。

背景下，学术界对于生产性保护的学理性研究成果逐渐增多，生产性保护的路径问题、生产性保护的深层机制、生产性保护的基础理论、生产性保护与产业化之间的联系与区别等问题越发明晰，无论是理论的逐步完善，抑或是实践研究的大数据分析都在向着纵深阶段不断开掘。2012年，对于非物质文化遗产生产性保护而言具有重要的决定性意义，文化部的指导意见使这一概念与范围更趋完善，并且举办了几次大规模关于该方面的学术研讨会，主要探讨生产性保护的政策支持问题。2015年，还出现了一个标志性事件，即上海市第十四届人大常委会第26次会议通过的《上海市非物质文化遗产保护条例》，并于次年正式开始实施。这一条例是在法律法规中首次使用生产性保护这一术语，主要目的在于推动非物质文化遗产的合理利用，在实践与理论并行的高度来推进非物质文化遗产的生产性保护策略，同时也是政府相关部门、学术界、非物质文化遗产传承人与民众认同这一策略的重要举措，并且学术界的专业性深度与广度为政府拟定、讨论生产性保护政策的法律法规提供了必要的学理性依据。可以这样说，非物质文化遗产的生产性保护概念是基于实践基础探索出的学术话语，已经逐渐融入到非物质文化遗产甚至文化遗产的保护体系之中，其终极目的是一种实现非物质文化遗产活态化、可持续传承的主动性保护策略。

三、保护非物质文化遗产的重要性与必要性

非物质文化遗产与物质文化遗产享有同等重要的地位，在当代强化

非物质文化遗产的保护实践，进而唤起全民族的自觉意识既有必要性也有迫切性。在一定物质生活条件得到满足之后，必然带来精神文化的需求。所以，向文化深处寻根、保护文化遗产成为人们自觉追求的目标。然而，在现代化进程的背景下，中国文化生态却发生了翻天覆地的变化，维系人类精神情感世界的非物质文化遗产在传统遭遇现代的途中受到了严重的冲击，它们正在面临着快速消解的危机，甚至有的已经消失殆尽了。尤其是那些靠口传心授才得以传承的非物质文化遗产正在不断消逝，诸多传统技艺濒临“灭绝”，大量资料及其珍贵实物遭遇毁坏或流失海外，过度滥用文化遗产现象屡见不鲜。因此，人类在追求社会整体发展目标的同时，应意识到非物质文化遗产的重要价值，更要意识到对它们予以保护的迫切性与重要性。

非物质文化遗产是整个世界范围内各民族传统文化的历史记忆，是人类精神花园中“百花争艳”的表现形式，对人类生存与发展具有重要的历史意义和借鉴价值。联合国教科文组织在拟定、颁布《保护非物质文化遗产公约》时就已经意识到非物质文化遗产的重要价值，认为它们是世界文化多样性的具体体现，是对人类创造力的无限尊重，是人类可持续发展的重要保障，是人与人之间相互交流的重要文化渠道。因此，非物质文化遗产的保护对于承续世界各民族优秀文化传统、维护人类文化多样性，彰显不同国家民众的创造力和想象力，以及世界不同文化之间的交流都具有重要意义。我们需要意识到，人类文化传统“各美其美，美美与共”，相互关联，相互作用。保护、抢救那些尚面临生存危机的非物质文化遗产，已经成为刻不容缓的时代历史使命，在整个文化遗产中，物质性文化遗产与非物质文化遗产由于存在形态各异，其各自所承载的精神内涵亦有较大差异，可以说，文明与传统的延续是由二者共同来完成的。它们作为现存的文化记忆，物质性遗产属于可见范围，其价值属于显性的，而非物质文化遗产因其“活态”的发展传承方式，决定了其文化记忆易随时空的变迁而被人忽略，故属于隐性价值。恰恰是这种隐性价值，无法通过物质化具现，只能采取口传心授的方式得以传承，才彰显出它们的重要性与保护的必要性，如果它们在时代变迁中被埋没，我们失去的不仅仅是一种文化形态，更是一种精神血脉及其人类智慧的断裂，这种损失是不可再生的，亦是难以挽回的。所以，保护不同族群、区域的传统文化，尤其是那种受现代性冲击而正在面临消失的非物质文化遗产，已引起世界各国的广泛与重点关注，业已上升为普遍性的、国际性的重要课题。

第三节 研究现状及述评

自 2006 年王文章在《非物质文化遗产概论》的“基本方式与原则”中首次提出了生产性保护的概念以后，这一保护方式在不断发酵与传播中广泛受到人们的关注，进而产生了诸多具有代表性的成果。除了一些法律法规的政策性文件以及研讨会的主题会在下文得以详述以外，本部分更多是以学理性成果为主来阐述非物质文化遗产生产性保护的发展现状。现以几个专题简要回顾非物质文化遗产生产性保护的发展历程。

一、非物质文化遗产生产性保护的本体论研究

每一个学科都有自身的本体论或基础理论问题。对非物质文化遗产生产性保护本体论的问题予以探讨，是使这一理念不断得以完善化的生动体现与必要保障。生产性保护理念诞生之初，概念莫名，学界扰攘，为此围绕这一命题各专家学者进行了热烈讨论。陈华文在《论非物质文化遗产生产性保护的几个问题》① 中指出，由于非物质文化遗产所具有的那种生产性与活态性的特点，需要将生产性保护与生产性传承这两个概念区别开来，他认为后者是前者的前提和基础，前者可以使后者更具科学性与真实性。作者还进一步指出，生产性保护要规避过度开发，避免出现旅游化、商业化，提出了要始终坚持生产性保护的原生态、技能传承、政府扶持与就地保护的四项基本原则。宋俊华的《文化生产与非物质文化遗产生产性保护》② 认为确保非物质文化遗产的生命力是其保护的关键，然而在“如何确保”上却出现了两种观点——现代遗产物化手段和环境稳定；与时俱进的产业化发展。在保守与激进的基础上，他又强调从文化“生产”角度来探索非物质文化遗产可持续发展的新方法，兼具继承性与发展性、实践性与经济性，外在保护与自我发展的相互统一，要坚持以人为本、保护为主、依法生产等重要原则。朱以清在《基于民

① 陈华文：《论非物质文化遗产生产性保护的几个问题》，《广西民族大学学报》（哲学社会科学版）2010 年第 5 期。

② 宋俊华：《文化生产与非物质文化遗产生产性保护》，《文化遗产》2012 年第 1 期。

众日常生活需求的非物质文化遗产生产性保护——以手工技艺类非物质文化遗产保护为中心》[①] 中指出，生产性保护是非物质文化遗产实践中所产生的一种新方式，其最大特点是针对手工技艺类项目而言，具有实质的生产内容，与民众生活密切，在生活实践中形成，故对其保护方式应让其回归人们的日常生活，在生产中保存它的核心价值和技艺。刘德龙在《坚守与变通——关于非物质文化遗产生产性保护中的几个关系》[②] 中说，生产性保护不仅能够弘扬传统文化，促进传承非物质文化遗产的积极性，还能增加传承人与当地人们的收入，进而增强文化消费、带动就业、改善民生，实现区域社会经济与非物质文化遗产的可持续发展。但仍需深入思考“泛产业化”、传统与现代工艺对接、小众化消费与大众化弘扬等问题。佟玉权的《非物质文化遗产生产性保护理论探析》[③] 指出，非物质文化遗产生产性保护应以文化遗产所有者为中心，其工作重点应在市场经济条件下保障非物质文化遗产所有者的合法权益，目的在于促生产、改生活、传承发展和社会进步。陈勤建的《定位分层、核心传承、创意重构——非物质文化遗产生产性保护的若干思考》[④] 强调生产性保护

---

① 朱以青:《基于民众日常生活需求的非物质文化遗产生产性保护——以手工技艺类非物质文化遗产保护为中心》,《民俗研究》2013 年第 1 期。

② 刘德龙:《坚守与变通——关于非物质文化遗产生产性保护中的几个关系》,《民俗研究》2013 年第 1 期。

③ 佟玉权:《非物质文化遗产生产性保护理论探析》,《文化学刊》2013 年第 3 期。

④ 陈勤建:《定位分层、核心传承、创意重构——非物质文化遗产生产性保护的若干思考》,《辽宁大学学报》(哲学社会科学版) 2013 年第 6 期。

虽然属于非物质文化遗产融入现代生产生活的一种现实途径，但对于丰富的非物质文化遗产项目而言，应秉承具体问题具体分析的态度，采取核心传承、创意重构、市场培育的分析与实践方能有效解决非物质文化遗产保护的现实问题。杨亚庚等的《非物质文化遗产生产性保护探索》[①]指出，博物馆保护模式和产业导向开发模式是一把“双刃剑”，生产性保护通过深化生产性保护理论、建立生产性保护界限和约束制度、避免生产性破坏、创新企业非物质文化遗产设施投入模式等措施，以理顺和完善生产性保护模式。田兆元在《经济民俗学：探索认同性经济的轨迹——兼论非物质文化遗产生产性保护的本质属性》[②]一文中，从经济民俗学角度对非物质文化遗产的生产性保护的本质属性进行了探讨，他指出民俗经济是关于民俗活动的经济，也是因民俗活动而带动的特殊消费。作为一种认同性经济，其生态与文化功能较强，对中国经济转型具有重要意义。经济民俗学作为民俗经济生产流程的过程，所涉及的整合资源、经济活动与社会管理、文化认同、习俗与市场的互促关系等问题，将形成较为庞大的学科体系，这对于非物质文化遗产的保护具有积极的促进作用。

高艳芳和孙正国的《日常需求与文化创意：“生产性保护”的观念与路径》[③]指出，生产性保护的对象主要集中在传统技艺、美术与医药领

① 杨亚庚等：《非物质文化遗产生产性保护探索》，《东南学术》2014 年第 1 期。

② 田兆元：《经济民俗学：探索认同性经济的轨迹——兼论非物质文化遗产生产性保护的本质属性》，《华东师范大学学报》（哲学社会科学版）2014 年第 2 期。

③ 高艳芳，孙正国：《日常需求与文化创意：“生产性保护”的观念与路径》，《民俗研究》2014 年第 3 期。

域，从文化资源的当代转化而言，还存在着非物质文化遗产本质属性与当代价值的理解误区，我们需要明确非物质文化遗产的精神指向，将其还原到日常生活中，在当代生活中体现其日常需求功能，同时，还需努力挖掘非物质文化遗产独具的文化创意空间，并以此为路径来保护非物质文化遗产整体性。马盛德的《非物质文化遗产生产性保护中的相关问题》[①]基于十余年来非物质文化遗产工作所取得的成就，指出生产性保护虽然引起了业界的广泛关注，但也容易与文化创意产业的生产经营模式相混淆，使非物质文化遗产保护出现了异化现象。他强调必须坚持非物质文化遗产手工制作的核心技艺与传统工艺流程的重要性，秉承理性与适度开发原则，合理利用，并积极引进现代设计理念，积极发挥作用。李晓梦的《人文关怀与市场思维：非物质文化遗产生产性保护的逻辑起点与现实应对》[②]认为，“生产性”保护理念为非物质文化遗产保护传承提供了新的路径与机遇，然而生产性保护并非单纯追寻经济效益，而是对特定非物质文化遗产项目以生产流程的方式实现与现代社会需要的对接，人文关怀始终是生产性保护的逻辑起点，而市场则是其自身的现实应对，传承创新是非物质文化遗产生产性保护的活力源泉。鲁春晓在《非物质文化遗产生产性保护研究》[③]一文中强调，生产性保护在推进

① 马盛德：《非物质文化遗产生产性保护中的相关问题》，《艺术设计研究》2014年第2期。

② 李晓梦：《人文关怀与市场思维：非物质文化遗产生产性保护的逻辑起点与现实应对》，《云南社会科学》2015年第2期。

③ 鲁春晓：《非物质文化遗产生产性保护研究》，《东岳论丛》2015年第7期。

中出现了知识产权保护、功利主义、传统工艺冲击、无形资产流转、评估难等现象，这已严重波及生产性保护的有效开展。他认为应采取加强知识产权保护、完善科学运行机制、实施“差异化竞争”策略、创新生产技艺策略等措施来确保其在实践中的健康发展。刘晓春的《非物质文化遗产生产性保护的实践与思考》① 指出，生产性保护取得成就的同时，也存在着保护对象需要深入厘清现代化对传统工艺的冲击、原材料危机、人才断层、政府缺乏支持力度、生产性保护与产业化发展的矛盾突出等问题，需要正确处理整体性、本真性、传承与创新的问题。徐赣丽的《手工技艺的生产性保护：回归生活还是走向艺术》② 认为生产性保护作为重要的保护理念，倡导依托市场，以流通方式来更新非物质文化遗产的功能，在一定程度上确实可以部分激活手工艺在当下的生命，但却也导致多数民间手工艺脱离民俗文化语境趋于艺术化与专业化，不能在日常生活中发挥功能。失去传统功能的手工艺主要针对城市的中产阶级，这就需要传承人重视工匠精神，提高技艺水准，提升产品的文化属性。杨洪林在《非物质文化遗产生产性保护研究的反思》③ 一文中将生产性保护的实践与学术研究划分为三个阶段，指出其在自身的基础性问题上反思还有待提高。生产性保护方式的主旨在于让更多非物质文化遗产

---

① 刘晓春：《非物质文化遗产生产性保护的实践与思考》，《广西民族大学学报》（哲学社会科学版）2016 年第 4 期。

② 徐赣丽：《手工技艺的生产性保护：回归生活还是走向艺术》，《民族艺术》2017 年第 3 期。

③ 杨洪林：《非物质文化遗产生产性保护研究的反思》，《贵州民族研究》2017 年第 9 期。

能够得以生产与再生产，并在这一过程中提高专业技能，进而实现传承。刘容的《“场”“类”“度”视域下非物质文化遗产生产性保护的基本原则》[①]指出，生产性保护不仅能保持非物质文化遗产的整体性、真实性与传承性，还能不断产生适应现代化的活力，实现保护与发展的平衡。从宏观上看，各地区要秉承场、类、度三个面向来考虑保护的原则，在基本原则的引领下尊重非物质文化遗产个性特征，具体问题具体分析，制订合理的保护方案。杨维在《非物质文化遗产生产性保护诸问题研究》[②]中梳理了生产性保护的缘起与发展、界定了它的概念和内涵、阐明了它的适用范围与基本原则，以及生产性保护的实践性问题。他基于个体与团体传承的双模式，比较了二者的优势与劣势，强调了传承人与政府在非物质文化遗产生产性保护中的重要作用，他认为，传承人应致力于传承，做好恢复与重建非物质文化遗产工作。带好接班人，留存经验，积极创作经典；而政府应不断健全法制，加强监管，加大危机项目的财政支持，科学指引生产性保护的正确方向。

除了对非物质文化遗产生产性保护本身的理论进行反思外，还出现了一些关于生产性保护模式与制度方面的研究。如段文友等的《传统技艺生产性方式保护模式的文化哲思》[③]指出，生产性保护在具体实践中要

① 刘容:《“场”“类”“度”视域下非物质文化遗产生产性保护的基本原则》,《东南文化》2018 年第 6 期。

② 杨维:《非物质文化遗产生产性保护诸问题研究》，中国艺术研究院 2014 年硕士学位论文。

③ 段文友，刘禾奕:《传统技艺生产性方式保护模式的文化哲思》,《民间文化论坛》2013 年第 3 期。

理解传统技艺的审美与生活属性，将其置入民众生活中进行保护，在对传统技艺进行整体考量时，需要着重挖掘传统技艺所蕴藏的文化因素，并以此为基础去归纳可行性的保护模式。曹洋等的《非物质文化遗产生产性保护模式初探》[①] 对生产性保护模式进行了反思，他认为生产性保护要以非物质文化遗产自身本真性为基础，不能过度淹没于产业化的发展中。非物质文化遗产本身具有复杂性，其在具体实施生产性保护中亦会产生差异性。因此，在保护实践过程中，要结合实际，依照因地制宜原则，不能将其过度开发，导致失去自身本真性。陈俊秀的《非物质文化遗产的生产性保护利用模式研究》[②] 以全国第一个非物质文化遗产社区传承园为例，通过实地考察的方法验证了新城镇化背景下非物质文化遗产生产性保护的可行性，指出要以传承主体为中心，激发其自身内动力，提出将输血型保护转变为自身造血型的“1+3+N”“内生式”动态保护利用模式。季中扬等的《传统民间艺术生产性保护的模式、难题及策略》[③] 认为传统民间艺术的生产性保护模式的主旨在于去民俗文化语境这一方面，将其提升为纯审美对象来进行产业化发展。在实践过程中不仅需要面对商业化与非物质文化遗产本真性的冲突问题，还涉及保护非物质文化遗产文化功能的相关事宜。他指出解决问题的路径在于明确生产性保

---

① 曹洋，王丽坤：《非物质文化遗产生产性保护模式初探》，《文化学刊》2014 年第 6 期。

② 陈俊秀：《非物质文化遗产的生产性保护利用模式研究》，《学习与实践》2015 年第 5 期。

③ 季中扬，胡燕：《传统民间艺术生产性保护的模式、难题及策略》，《学习与实践》2016 年第 1 期。

护之主题，加强非物质文化遗产社区教育，让文化主体自发产生文化自觉保护意识，使保护成为一种内在需求，进而形成生产性保护的良性机制。

二、区域性非物质文化遗产保护研究

自非物质文化遗产生产性保护口号提出以后，除了从整体上对其进行“元理论”的思考以外，还出现了因地制宜，根据自身区域或所在城市进行的区域性生产性保护方面的反思研究。如戚永哲在《辽宁非物质文化遗产生产性保护应注意的若干问题》① 一文中对辽宁省非物质文化遗产生产性保护的几个重要问题进行了反思，并提出了几项建议，即关注手工制作环节、坚守手工特色底线、原材料的选择与合理利用、正确把握保护的方针与原则、避免过度性开发、破坏性保护与“产业化”泛化。孙飞的《藏族非物质文化遗产的生产性保护——对热贡唐卡产业化现状的研究》② 以唐卡为例，对藏族非物质文化遗产生产性保护进行了反思，指出唐卡的开发要以生产性保护原则为基础，倡导应该整合资源，加强财政投入，完善产业机制，打造整体性产业链，积极打开市场，形成产业集群效应，调整经营理念，打造经典品牌，还要大力加强从业者素质，

① 戚永哲:《辽宁非物质文化遗产生产性保护应注意的若干问题》,《理论观察》2014 年第 2 期。

② 孙飞:《藏族非物质文化遗产的生产性保护——对热贡唐卡产业化现状的研究》，中央民族大学 2013 年硕士学位论文。

积极鼓励产品的创新，提升产品质量，进一步实现保护与发展的美好前景。田艳的《试论贵州非物质文化遗产的生产性保护》[①]对贵州非物质文化遗产生产性保护进行了思考，强调生产性保护是贵州非物质文化遗产发展的必由之路，但贵州非物质文化遗产传承难、产业化低、龙头企业与知名品牌的数量少等问题制约着其自身的生产性保护。他通过具体问题具体分析，提出了建立科学高效的传承保护机制、加大政府扶持与财政投入力度、打造优势品牌与促进产业升级的生产性保护实现路径。汲晓宁的《山西非物质文化遗产生产性保护模式案例研究》[②]以山西省非物质文化遗产为例，通过具体案例分析指出了山西非物质文化遗产发展的五条路径，即传承非物质文化遗产核心技术、加强非物质文化遗产生产品牌建设、提升非物质文化遗产文化自觉、实现非物质文化遗产活态传承、完善传承人培养环节。李若男的《北京非物质文化遗产生产性保护研究——以花丝镶嵌手工技艺为例》[③]以北京地区深具代表性的花丝镶嵌手工技艺为例，探讨了北京非物质文化遗产生产性保护的对策与路径，作者通过对花丝镶嵌手工艺历史、现状、价值、艺术元素、传承技艺方面的梳理与分析，指出花丝镶嵌手艺在生产性保护语境中应该守住核心技艺、深挖文化内涵、联合高校培养、建构保护模式，努力塑造工艺品

---

① 田艳：《试论贵州非物质文化遗产的生产性保护》，《贵州民族研究》2014年第1期。

② 汲晓宁：《山西非物质文化遗产生产性保护模式案例研究》，山西师范大学2016年硕士学位论文。

③ 李若男：《北京非物质文化遗产生产性保护研究——以花丝镶嵌手工技艺为例》，天津理工大学2018年硕士学位论文。

牌。白静的《咸丰县非物质文化遗产的生产性保护和商业传播研究》[①]对湖北咸丰县的非物质文化遗产发展现状进行了系统性的分析，他提出要打造具有咸丰地理标志的非物质文化遗产产品，建立彰显土家文化的品牌效应，并借助文化传播与营销、设计具有历史文化因素的产品包装、搭建商业化传播策略，以期在带动当地非物质文化遗产传播之余，为其他地方民族文化的发展提供借鉴经验。方新与荣金金的《“一带一路”背景下徽州非物质文化遗产生产性保护策略研究》[②]通过实地考察，分析了徽州非物质文化遗产生产性保护所面临的难题，提出要遵循非物质文化遗产保护的自身规律以及市场规律，通过建立健全保护机制、培养优秀传承人、注重传统与创新的正确关系、强化品牌效应等路径来促进非物质文化遗产再次融入徽州人的日常生活中，进而做到社会化普及。杨姗姗与凌亚萍的《精准扶贫视域下桂西地区少数民族传统工艺生产性保护模式研究》[③]认为传统工艺与民众生活密切，具有带动贫困区域人民就业的先天优势。桂西作为少数民族传统工艺聚集地与定点扶贫对象，在对其工艺资源进行分析的前提下，从精准扶贫视角切入，以扶贫路径、产品开发、主体参与三个层面来对桂西少数民族工艺的生产性保护模式予

---

① 白静:《咸丰县非物质文化遗产的生产性保护和商业传播研究》，中南民族大学 2019 年硕士学位论文。

② 方新，荣金金:《“一带一路”背景下徽州非物质文化遗产生产性保护策略研究》，《黄山学院学报》2020 年第 6 期。

③ 杨姗姗，凌亚萍:《精准扶贫视域下桂西地区少数民族传统工艺生产性保护模式研究》，《广西民族研究》2020 年第 4 期。

以建构，以期达到精准扶贫与传统工艺协同发展的目标等。

三、传统手工艺类项目的生产性保护研究

生产性保护作为非物质文化遗产保护的一种重要原则与实践形式，其更多针对的是传统手工艺的项目领域。因此，围绕传统手工艺来探寻非物质文化遗产生产性保护经验方面的案例成果便不断涌现出来，构成了非物质文化遗产生产性保护研究层面的主体，且多集中于个案研究领域。

（一）剪纸、造纸工艺相关研究

江婉的《民间剪纸的生产性保护研究》[①]以浙江乐清剪纸为例，分析了其在市场经济中的挑战与机遇，她主张以生产性保护理念来指导剪纸艺术的传承、保护问题，提出了从平面保护走向深入挖掘、从被动保护走向自我提升、从民间到民间的发展路径。冷敏杰的《孝感雕花剪纸艺术生产性保护对策研究》[②]以孝感雕花剪纸艺术为研究对象，通过对其历史渊源、文化内涵、艺术特色、发展现状、生产性保护措施等方面进行的分析与论述，提出了生产性保护中应注意的几个问题，即杜绝产品泛滥，文化流失，传承保护与生产利用要良性循环，重视手工剪纸艺术的

---

① 江婉：《民间剪纸的生产性保护研究》，中国美术学院 2010 年硕士学位论文。

② 冷敏杰：《孝感雕花剪纸艺术生产性保护对策研究》，华中师范大学 2012 年硕士学位论文。

精神向度。谢中元在《"生产性保护"视野下佛山剪纸的现代传承研究》[①]一文中，从生产性保护角度出发来观照佛山剪纸的传承保护问题，他指出佛山剪纸艺术从明清到新中国成立初期呈现出一种由盛转衰的发展轨迹。自手工业合作化以后，佛山剪纸被纳入集体生产，家族密技成为师徒传承的共享技艺，这种民族化方式塑造了三代传承人谱系。从整体上来看，佛山剪纸艺术生产性保护有四方面特征，即创作与刻制相分离，生产逐步专业化；流水线生产使技艺多样化；剪纸艺术功能从民俗实用向欣赏性转化；形式由过去的小巧向大型壁画演化。虽然佛山剪纸艺术从资源向产品转化，达到了传承与生产流通互动的目的，但亦面临着传承人断代、原材料等相关行业的消失、税收加大、市场不稳定的问题。方伟洁的《傣族剪纸的图式意义及其生产性保护》[②]针对傣族剪纸艺术的鲜明民族特色，认为其彰显出傣族特有的文化信仰的隐含图式意义。在当代的发展中，傣族剪纸艺术的价值及其目前的传承困境所造成的矛盾阻碍了自身发展，作者指出应立足时代背景，注入时尚元素，加大人才培养力度，拓宽推广渠道才能使傣族剪纸艺术更好地在新时代得以传承。

伍梦尧的《宣纸的生产性保护问题研究》[③]梳理了有关宣纸行业以及生产性保护方面的相关性成果，详细描述了宣纸在历史发展进程中的大

① 谢中元:《"生产性保护"视野下佛山剪纸的现代传承研究》,《原生态民族文化学刊》2012年第4期。

② 方伟洁:《傣族剪纸的图式意义及其生产性保护》,《四川民族学院学报》2018年第6期。

③ 伍梦尧:《宣纸的生产性保护问题研究》,安徽大学2014年硕士学位论文。

致状况与制作流程，通过对历史与现状的"接通"性分析，作者给出了宣纸目前存在问题的解决办法与合理化建议，即宣纸行业在新时代背景下，应该大力推陈出新，但必须要坚守技艺精髓不变的根本性原则，只有在此原则基础上进行的现代化变革与合理的市场化管理，方能更好对其技艺予以稳定的生产性保护。肖静的《藏族造纸技艺生产性保护研究》[①]以藏族造纸技艺为专门研究对象，从生产性保护理论的视角对其进行了多方思考，她从藏族造纸技艺的历史维度，着重阐明了该事项的特殊性与重要性。通过对现有藏族造纸生产状况进行类型学划分以后，作者指出藏族造纸技艺生产性保护的落脚点有三，即纸制品、手工艺、传承人，并提出了划出纯正藏纸保护红线、设计藏纸产品适合多种文化消费心理、坚持生产性保护与博物馆保存并重、搭建技艺交流平台、整合多层次体系、大力培养传承主体、尊重生产保护、传承理念等合理化建议。吴凤玲的《非物质文化遗产生产性保护的实践与思考——以维吾尔族桑皮纸制作技艺为例》[②]以新疆和田区域墨玉县的维吾尔族桑皮纸工艺技术为例，着重讨论了非物质文化遗产生产性保护理念中的生产与传承、营销与保护、营销与生产的相互关系，提出了本土非物质文化遗产相关项目应协同保护，非物质文化遗产宣传营销中应加强对同类项目的了解，明确自身属性，突出自身特色与地域、民族特色，还要充分发挥专家智

① 肖静：《藏族造纸技艺生产性保护研究》，中央民族大学2015年硕士学位论文。

② 吴凤玲：《非物质文化遗产生产性保护的实践与思考——以维吾尔族桑皮纸制作技艺为例》，《新疆社会科学》2015年第3期。

库作用，利用并借鉴相关学术研究成果来展现非物质文化遗产的多方面价值的有效建议。

（二）织染工艺相关研究

按照我们国家对于“织染工艺”的类型学划分，将其主要划分为：刺绣挑花类、桑蚕丝织类、服装缝纫类、棉纺织类、印染类、麻纺织类。“织染工艺”研究在手工艺研究中亦占有重要比重，集中体现出人们对织染工艺保护层面的重视，以及此种技艺的多样性。刘勍在《手工艺非物质文化遗产的生产性保护探究——以北京绢人为例》① 一文中以“北京绢人”为特定对象，探讨了手工艺生产性保护的若干问题，作者通过对“绢人”艺术的界定、历史底蕴、文化价值等方面的论述，立足实地考察，指出北京绢人艺术可适用于生产性保护，认为将其回归人民的日常生活才能予以活态保护，长久传承，并提出了“走精品路线的工作室传承模式”“规模生产的商业化借鉴”“大力开发衍生产品”等保护、发展建议。丁智才的《民族文化产业视域下少数民族非物质文化遗产文化的生产性保护——以壮族织锦技艺为例》② 从文化产业与非物质文化遗产保护的互动性视角探讨了壮族织锦的技艺保护问题，他认为民族文化产

① 刘勍：《手工艺非物质文化遗产的生产性保护探究——以北京绢人为例》，《文化遗产》2012年第4期。

② 丁智才：《民族文化产业视域下少数民族非物质文化遗产文化的生产性保护——以壮族织锦技艺为例》，《云南社会科学》2013年第5期。

业发展的差异化路径对于少数民族非物质文化遗产成为民族文化产业的资源具有决定性作用，而非物质文化遗产活态发展的特征亦决定了文化产业可成为其自身发展的重要方向。手工技艺类的非物质文化遗产所具有的生产性保护优势，使其易于被市场化、产业化，但需要在具体实践中相互协调，做到“坚持实施分类保护与开发并重，打造‘非物质文化遗产资源链’‘坚持兼顾市场与政府管理，构建非物质文化遗产产业化支撑体系’‘坚持在文化本真性传承基础上的创新，延续文化产业链’‘坚持社会与经济效益相统一，建立多功能文化产业特色园区’”。曾文琦的《传统刺绣的生产性保护研究——以三个刺绣品牌为例》[①]通过对广绣、苏绣、羌绣三个刺绣品牌的考察，指出了产业化与生产性保护的本质区别，作者认为后者应注重“手工生产”“本真性”“保留核心技艺”这三方面的重要因素，其目的是在生产性保护中产生的利润来进一步保护手工业从业者在社会中的既得利益，进而主动传承技艺。何晓丽与牛加明的《基于创新的非物质文化遗产生产性保护研究——以香云纱染整工艺为例》[②]一文，针对香云纱染的研究，探讨了非物质文化遗产生产性保护的创新问题，她首先肯定了生产性保护的必要性与可行性，并分析了香云纱染整工艺保护的现状，认为非物质文化遗产只有在创新中发展才能

① 曾文琦：《传统刺绣的生产性保护研究——以三个刺绣品牌为例》，中国艺术研究院2016年硕士学位论文。

② 何晓丽，牛加明：《基于创新的非物质文化遗产生产性保护研究——以香云纱染整工艺为例》，《民族艺术研究》2017年第5期。

被民众不断接受，才能在创造社会财富之余给传承人带来经济效益，进而保护自身的有效传承。最后，作者还指出香云纱生产性保护模式还应包含“产品功能创新”“有效利用网络推广宣传”“生产工艺改革创新”等要素。钱永平的《论非物质文化遗产生产性保护与包容性经济发展的结合之路——以山西省灵尚刺绣为例》[①] 指出，灵尚刺绣走出了一条设计、生产、销售的刺绣产业链条，不仅再造了新的刺绣文化生态，也带动了当地就业，促进了增收，为包容性经济发展起到了积极实践的表率作用。游红霞的《生产性保护：非物质文化遗产价值与市场的双向认同——以“上海绒绣”为例》[②] 总结了“上海绒绣”在历史谱系中形成的本土性、开放性的文化价值，指出其目前生存所面临的知名度低、市场面小、传承人断裂等问题。她认为生产性保护实现了市场与非物质文化遗产价值的相互认同，是一种“认同性”经济，只有将二者的认同相融合，才能有效地进行保护，但前提是必须建构起相应的文化认同。靳璨等的《江苏传统服饰手工技艺的价值认同路径研究——从“生产性保护”到“生活化传承”》[③] 认为，非物质文化遗产生产性保护作为手工技艺价值认同的一种重要方式，对传承发展具有一定的积极作用，但随着它的深入开

① 钱永平：《论非物质文化遗产生产性保护与包容性经济发展的结合之路——以山西省灵尚刺绣为例》，《文化遗产》2019 年第 1 期。

② 游红霞：《生产性保护：非物质文化遗产价值与市场的双向认同——以“上海绒绣”为例》，《广西民族大学学报》（哲学社会科学版）2019 年第 3 期。

③ 靳璨，梁慧娥：《江苏传统服饰手工技艺的价值认同路径研究——从“生产性保护”到“生活化传承”》，《艺术百家》2020 年第 3 期。

展，在具体实践过程中亦出现了过度追求市场利益而轻技艺“生活化”的现象，进而致使人们对产品技艺价值认同的缺失，并未完全实现产品的消费认同。作者围绕江苏传统服饰手工技艺的发展现状，结合民众生活的需求，提出要秉承生活化传承的导向，来建构技艺价值认同缺失的实施路径。此外，张迪的《服饰类非物质文化遗产的生产性保护——以上海民族品牌服饰为例》、胡绮的《漳缎的传承发展与生产性保护》、罗高生的《基于非物质文化遗产生产性保护的旅游文创产品开发策略研究——以夏布绣艺术为例》、李隆虎的《贵州苗族蜡染生产性保护实践》、陆玉雄的《革家蜡染非物质文化遗产生产性保护的影响机理研究》、杨信的《非物质文化遗产生产性保护中文化认同的缺失与重塑——以土家织锦为例》等文章也从不同角度探讨了不同织染工艺的生产性保护问题，具有重要的参考价值和研究意义。

（三）陶瓷制作工艺相关研究

高扬元和张宗建的《荣昌陶器制作技艺生产性保护及其理性产业化探析》[①] 对荣昌陶器制作工艺的生产性保护进行了探索，他们指出传统的传承模式已不能适应时代之需，生产性保护方式成为非物质文化遗产技艺类项目的一种历史必然选择，当下荣昌陶器制作面临着外来文化所带来的传承冲击，应加强荣昌陶器高端产品手工化、低端产品产业化，强

---

① 高扬元，张宗建：《荣昌陶器制作技艺生产性保护及其理性产业化探析》，《学术探索》2015年第8期。

化文化生态保护意识，加强整体产业开发，充分挖掘产品附加值、加强衍生品开发，不断提高产出质量，带动技艺传承，建立传承人企业聘用制等合理性保护建议。王幸幸的《宜兴紫砂陶制作技艺生产性保护研究》① 以文化生态理论切入，通过田野调查归纳了生产性保护的三种模式——“公司＋基地＋工作室＋文化旅游”“家庭手工作坊”“合作社＋农户”。作者还针对生产性保护违背文化传统、盲目产业化与开发、当前所面临的现实挑战等问题进行了讨论，提出了正确认知生产性保护双重内涵、慎重处理生产性保护与产业化开发的相互关系、以文化生态作为生产性保护的核心、形成“政府引导＋传承人主导＋社会参与”的保护机制等对策。张丽军的《窑山传统制陶技艺的生产性保护与生活传承》② 以江西上饶窑山传统制陶技艺为研究视域，针对新材料、新能源给手工制陶业所带来的负面影响，提出了生产性保护举措，并以此来完善手工制陶与烧制工艺、改变销售模式来促进窑山传统制陶技艺的零星发展，进而促进其自身的活态传承。张颖的《景德镇手工圆器制瓷技艺生产性保护研究》③ 针对景德镇手工圆器制瓷技艺的传承保护问题，主张在基于本真性保护发展的前提下，来促进文化内生自觉，以 IP 理念为引领，勾连非物质文化遗产的市场与价值认同，进而实现生产性保护的目的。

---

① 王幸幸:《宜兴紫砂陶制作技艺生产性保护研究》，华东政法大学 2018 年硕士学位论文。

② 张丽军:《窑山传统制陶技艺的生产性保护与生活传承》，《陶瓷》2021 年第 1 期。

③ 张颖:《景德镇手工圆器制瓷技艺生产性保护研究》，《陶瓷研究》2022 年第 3 期。

（四）髹漆工艺及其他工艺种类相关研究

邹珺羚在《中国传统漆艺的生产性保护研究——以桂林漆艺非物质文化遗产为例》[①]一文中，围绕桂林漆艺的生产性保护理念进行了深入探索。作者通过分析桂林漆艺目前的发展现状，面对成功经验与存在的问题，指出漆艺发展应确保原材料供应、充分挖掘生漆利用价值、产品应注重与时代接轨、积极激发漆艺市场潜力、针对不同客户进行个性产品开发、以品牌效应提高竞争力。非物质文化遗产保护需要各方力量协同完成，各级院校、协会在生产性保护中占重要地位，应借助全媒体力量，提高项目宣传知名度，让全社会共同参与到非物质文化遗产的保护工作当中。蔡郎与的《文创视野下的非物质文化遗产生产性保护研究——以成都漆艺为例》[②]结合生产性保护与文化再生理论，立足文创视域，从工艺、传承人、产品的维度探讨了成都漆艺的发展现状，提出了要走“金字塔式”的产品研发、全媒体推广宣传、传承人人才梯队建设、多元创新的跨界融合模式路径等。

除了有关髹漆工艺的相关研究外，还有关于文房四宝制作工艺、雕塑工艺、家具制作工艺、编制扎制工艺等相关研究，如金晓艳的《贺兰

① 邹珺羚：《中国传统漆艺的生产性保护研究——以桂林漆艺非物质文化遗产为例》，广西师范大学2018年硕士学位论文。

② 蔡郎与：《文创视野下的非物质文化遗产生产性保护研究——以成都漆艺为例》，《四川戏剧》2019年第1期。

砚文化遗产生产性保护与发展研究》、项伟晨的《徽墨制作技艺的生产性保护政策研究》、陈科锦的《传统技艺的生产性保护和艺术化传承——以永康铜艺的双重传承模式为例》、何欢的《生产性保护视角下非物质文化遗产的创造性转化——以六安瓜片绿茶制作技艺为例》、高伟霞的《非物质文化遗产视角下的地域传统手工技艺数字化开发及生产性保护——以苏作家具木雕为例》、王彩红的《"半山泥猫制作技艺"生产性保护体系的探讨及教育思考》、潘彦瑾的《非物质文化遗产视域下四川传统竹编技艺的生产性保护研究》、吴良生的《广州榄雕生产性保护实践》等。

四、民间美术与音乐类项目的生产性保护研究

中国民间美术是由中国民众创作，用以美化环境和丰富民间风俗活动为主要目的，在日常生活中流行、应用的美术。其品类繁多，目的与用途各异，既有供人赏玩的造型艺术，也有以实用为目的的工艺品。鉴于民间美术的技艺性特征，其也是生产性保护的主要对象领域。李豫闽在《从闽台民间美术的传衍看非物质文化遗产的生产性保护》① 一文中，以闽南漳州一带的民间美术行业为参照，以民俗学、文化学等研究方法对这一特殊现象进行了研究，目的在于为闽台两地非物质文化遗产保护、研究提供学理与实证方面的支撑，最后作者对前人经验进行了总结和归纳，提出了要

---

① 李豫闽:《从闽台民间美术的传衍看非物质文化遗产的生产性保护》,《东南学术》2012 年第 2 期。

“文教推广与技艺传承”“表彰、宣传与全民参与”“机制与法律建设保障”“研究带动保护”的合理化建议。胡晓瑛的《滑县与朱仙镇木版年画比较研究及生产性保护》[①] 以具有地域性特色的木版年画为目标，对滑县与朱仙镇两地的年画特色进行了归纳，她认为前者先印后绘，趋于写实，多为大幅；后者是套版印刷，人物较为夸张，常为头大身小，多为小品。随着高科技的快速发展，民俗活动越发减少，致使木版年画渐失生存空间，倡导走出一条生产性保护的道路，使其以活态方式存活于人们的日常与精神生活当中。张向军的《芜湖铁画生产性保护研究》通过分析自然环境、人文环境、经济环境、社会状况，阐明了芜湖铁画兴起、发展的缘由，并对其文化价值与现状进行描述与探索，提出了要加强品牌建设、切实发挥行业协会作用、建立健全相关机制、完善传承人培养环节等有效的生产性保护建议。刘芹的《民俗重建与杨柳青木版年画的生产性保护》[②] 针对民俗消亡所导致的杨柳青木版年画的衰微现状，倡导以民俗重建理论来对其进行保护，并提出了传承年画生产习俗、整合传统民俗资源、借新习俗促进年画发展的保护策略。王巨山的《非物质文化遗产生产性保护的实践与反思——以杨家埠木版年画为例》[③] 通过对杨家埠木版年画的个案分析，指出非物质文化遗产要切实发挥传承人与参与人

① 胡晓瑛：《滑县与朱仙镇木版年画比较研究及生产性保护》，《艺术百家》2012 年第 3 期。

② 刘芹：《民俗重建与杨柳青木版年画的生产性保护》，《美术观察》2014 年第 10 期。

③ 王巨山：《非物质文化遗产生产性保护的实践与反思——以杨家埠木版年画为例》，《文化艺术研究》2015 年第 1 期。

在生产性保护过程中的作用，加强生产性保护中非物质文化遗产整体性、真实性、传承性的有效评估以及正确处理产业化与生产性保护的关系三种核心观点。此外，杨燕《生产性保护与传统文化展演之间的博弈与互动——以地震前后绵竹年画的发展为例》[①]、鲁雯和刘璐《阶层、品味与传统美术类非物质文化遗产的生产性保护》[②]、闫昌凤《试论民族文化产业视域下非物质文化遗产文化的生产性保护——以广西传统美术为例》[③]等成果也都是关于民间美术类项目的可贵探索资料。

虽然生产性保护原则更多针对的是传统技艺类，但在一些表演类非物质文化遗产项目中也有一些关于该方面的研究。李城在《音乐类非物质文化遗产保护新思路——从生产性保护和文化产业发展谈起》[④]一文中，以音乐类非物质文化遗产项目为例，从生产性保护理论视角对其进行了分析，认为在社会发生重大变化的背景下，音乐类非物质文化遗产逐渐引入商业思路，逐步演变为生产性保护与文化产业的开发利用两种模式，二者都以传统音乐为对象，意在彰显非物质文化遗产的文化价值。前者

① 杨燕:《生产性保护与传统文化展演之间的博弈与互动——以地震前后绵竹年画的发展为例》,《四川戏剧》2016 年第 4 期。

② 鲁雯，刘璐:《阶层、品味与传统美术类非物质文化遗产的生产性保护》,《装饰》2018 年第 6 期。

③ 闫昌凤:《试论民族文化产业视域下非物质文化遗产文化的生产性保护——以广西传统美术为例》,《文化产业》2020 年第 26 期。

④ 李城:《音乐类非物质文化遗产保护新思路——从生产性保护和文化产业发展谈起》,《中国音乐》2014 年第 4 期。

重在人文推广，以本真保护为核心，后者重在产业发展，追求经济效益，原生态的非物质文化遗产产业并不存在，二者存有本质区别。陈炜和刘宵的《西南地区少数民族音乐类非物质文化遗产生产性保护模式研究》① 以西南少数民族音乐类非物质文化遗产项目为例，在分析它们发展现状的基础上，明确了它们当前所面临的现实问题，从民族音乐产业融合、保护主体、传播载体，以及整合营销四个方面来建构它们的生产性保护模式，以期找到促进它们“双创”发展的参考经验。曾伊的《生产性保护语境下新化山歌的传承与发展研究》② 分析了新化山歌的发展研究现状，认为新化山歌面临着商业开发不成熟、缺乏创新与脱离本土创作、忽略项目文化内涵的问题，作者提出，新化山歌可结合文化旅游相辅相成的作用在新时代得以传承。王凯璇的《山东省音乐类非物质文化遗产生产性保护研究》③ 围绕山东省域内的音乐类非物质文化遗产，通过其整体性的研究现状分析，作者提出了社会、政府、学校三位一体的保护措施。柯晓东的《音乐类非物质文化遗产生产性保护模式研究》④ 指出，我国的音乐类非物质文化遗产具有较强的利用价值，适用于生产性保护模

① 陈炜，刘宵：《西南地区少数民族音乐类非物质文化遗产生产性保护模式研究》，《音乐探索》2019 年第 4 期。

② 曾伊：《生产性保护语境下新化山歌的传承与发展研究》，吉首大学 2020 年硕士学位论文。

③ 王凯璇：《山东省音乐类非物质文化遗产生产性保护研究》，山东大学 2020 年硕士学位论文。

④ 柯晓东：《音乐类非物质文化遗产生产性保护模式研究》，《重庆科技学院学报》（社会科学版）2021 年第 5 期。

式的理念。目前在这种保护层面尚存在专业人才匮乏、保护性不强、过度商业化等问题，应坚持活态传承、分类开发、产业融合、创新驱动等原则，在创意环节应侧重产业融合发展，发挥主体的重要作用，充分借助不同传播载体的功能，在销售过程中采用线上与线下相结合的销售混合模式等。另外，除了以上非物质文化遗产类型以外，在传统戏剧、民间文学、传统节日方面也有一些代表性的研究成果，但鉴于成果数量较少，不再一一列举。

可喜的是，近年来，在非物质文化遗产生产性保护方面还涌现了一些代表性专著，如龙叶先的《非物质文化遗产“生产性保护”的哲学研究》①一书，从哲学角度对非物质文化遗产生产性保护进行了反思，不仅为生产性保护这种实践活动提供了正当性与合理性依据，还深入浅出地阐述了这种保护方式更有利于人们获得幸福感。非物质文化遗产生产性保护的哲学审视，需要从其自身是否有助于人与自然、人与历史、群体与群体、个体与社会、个体与自我之间的和谐来进行，该书分析了几对关系范畴，澄清了生产性保护的基本含义与适用范围，阐明了各主体的使命与责任、非物质文化遗产的整体价值与功能，在学理上对生产性保护进行了颇为系统、全面的阐释。还有一些具体的个案阐释，如裴秀颖《宁波朱金漆木雕生产性保护研究》②、娄芸鹤《非物质文化遗产保护与文

① 龙叶先：《非物质文化遗产“生产性保护”的哲学研究》，人民出版社 2021 年版。

② 裴秀颖：《宁波朱金漆木雕生产性保护研究》，西南师范大学出版社 2021 年版。

化价值再造研究：以“锡雕”生产性保护为例》①、陈炜等《西南地区少数民族音乐类非物质文化遗产生产性保护研究》② 等。

通过对有关非物质文化遗产生产性保护既有研究成果的回顾，可以发现，生产性保护的原则与方式已被学界与社会广泛接受，且它的基础理论也越发完善，并涌现了诸多不同类型项目的案例成果，在非物质文化遗产保护的进程中取得了跨越式的发展。非物质文化遗产生产性保护自 2006 年被明确提出，至今不过短短 16 年，但从这一理念出发所产生的量化性学术成果却是厚积薄发，丰富而组织化。虽然，在该方面我们取得了较大成绩，但不能否认还存在一些现实性的问题与难题。比如，在基础理论层面，对于本真性、产业化、商业化、生产性保护之间的关系还未得到更好的阐释，仅是停留在呼吁处理好它们之间关系的层面，并未出现实质性的“元理论”反思；在非物质文化遗产生产性保护分类、历史层面，还有值得深入探讨的空间，等等。统观大宗的传统技艺类、表演类、民间美术类等项目，它们虽然以具体案例探讨了生产性保护所面临的现实问题，并给予了相应的对策建议，但仍存在论述趋同、浮于表面、并未上升到普遍性经验的理论高度，更缺乏从新的视角来审视生产性保护理论的适用性与可行性。本课题以非物质文化遗产生产性保护

① 娄芸鹤：《非物质文化遗产保护与文化价值再造研究：以“锡雕”生产性保护为例》，经济管理出版社 2021 年版。

② 陈炜等：《西南地区少数民族音乐类非物质文化遗产生产性保护研究》，中国纺织出版社 2020 年版。

政策为抓手，从政策的动态视域切入，以区域性案例或经验为主，即以安徽省部分企业为例，立足生产的整体流程且侧重于流通、消费环节，以具有安徽地域特色的文房四宝项目为实证案例来论述、探索非物质文化遗产生产性保护的有效经验，以期为全国的非物质文化遗产生产性保护提供有益的借鉴经验和启发路径。

第四节　研究方法

一、主要研究内容

本书以非物质文化遗产生产性保护政策为研究对象，梳理中央和各级地方政府颁发的法律法规、组织的项目、开展的活动等，归纳整理现当代文化学者对非物质文化遗产及其保护方式的解读。本研究坚持以唯物主义思想为指导，纵向回顾非物质文化遗产保护实践及其政策发展变革的历史轨迹，横向比较日本、韩国、法国、意大利四国在文化遗产保护，尤其是非物质文化遗产保护方面的经验与成果，探索其中规律，试图为我国当前非物质文化遗产保护政策的制定提供某些参照。

（一）梳理非物质文化遗产政策法规及学术领域研究成果

历数近十五年来，在党的指导下，非物质文化遗产保护领域出台的法律法规、政策、文件、条令等，描摹出一条从粗放式到集约式、概括式到专业式的保护图。同时，通过查询和爬梳文献可见，现当代学者从社会学、传播学、人类学、艺术学、经济学、哲学、法学等角度对非物质文化遗产保护领域进行了深入全面的解读。可以说，非物质文化遗产近些年不断走入大众视野，登上主流文化舞台后，不论是学界还是大众都对其产生了浓厚的兴趣，在“中华优秀传统文化”价值观的引导下，非物质文化遗产成了文化自信的实践代表，形成了全社会广泛参与的良好局面。

（二）实地调研非物质文化遗产生产性保护企业

笔者深入安徽省六家非物质文化遗产项目传承单位，走访调研传承人，以结构式访谈和开放式访谈的形式，获得了大量珍贵的一手资料。同时，拍摄了大量生产环境、生产过程、原材料基地、作业基地、私人博物馆等，对安徽省，尤其是徽州地区非物质文化遗产技艺类项目的传承与发展有了较为全面的了解，通过比对同行业的发展情况，总结其中发展规律，以及在实际操作层面传承单位和传承人之间的一些共性问题，尝试从行政角度为其可持续、高质量保护与发展提供政策方面的支持。

（三）研究日、韩、法、意四国非物质文化遗产保护工作经验

不论是日韩的“无形文化财”，或法国的“政府直接干预”保护模式，还是意大利“文化遗产至上”的价值追求，无不体现了上述国家对其历史文化的虔诚与尊重。通过分析以上四国在法律制定、机构设置、机制建设、政策支持、财税优惠、全民参与等方面的经验与教训，立足中华文化

价值观，坚持当代主流意识形态立场，为我国非物质文化遗产提供某些具有参考价值的经验和启示。

（四）对未来非物质文化遗产生产性保护提出建议

在上述资料的基础上，分析我国非物质文化遗产目前面临的困境与亟待解决的难题，结合文献资料梳理、调研资料研判、国外保护经验分析，以定量分析和定性分析相结合的方式，对下一步我国非物质文化遗产保护，尤其是技艺类非物质文化遗产项目的生产性保护，提出推动其可持续发展的建议与对策。探究如何以实践为基础，不断完善非物质文化遗产生产性保护的政策体系。

二、主要研究方法

（一）文献分析法

充分利用权威、前沿、可靠的参考文献，广泛借鉴学界的各类建议和意见。融合哲学、艺术学、传播学、人类学、经济学、社会学等各学科间的观念结构，在政治生态和文化生态中去考察非物质文化遗产生产性保护的路径问题。通过对国内外文化遗产抢救、保护和利用情况的文献分析，了解当前非物质文化遗产保护工作的研究现状及特点。文献来源主要包括文化组织机构的网站，以及图书专著、期刊论文、政府部门年鉴等。

（二）田野调研法

对安徽省黄山市、宣城市六家生产性非物质文化企业进行实地考察和调研，并通过与当地行政管理人员和企业相关负责人交流，了解地方非物质文化遗产发展整体情况和企业目前生存状况，共同探讨取得的成绩和存在的问题。同时，笔者走访了部分非物质文化遗产保护方面的政府官员和专家学者，就如何通过“财政政策支持与保障非物质文化遗产生产性抢救、保护与利用”等话题进行访谈。

（三）比较分析法

在研究相关文献及实地调研基础上，对我国生产性非物质文化遗产抢救、传承及保护工作情况进行了分析和比较，在对生产性非物质文化遗产企业当前面临的主要问题和困难进行剖析的基础上，借鉴国外非物质文化遗产生产性保护工作的成功经验，并与我国非物质文化遗产保护发展情况进行对比及分析，提出适用于我国非物质文化遗产生产性抢救、保护与利用的财政政策支持与保障相关建议。

第一章 保护概况

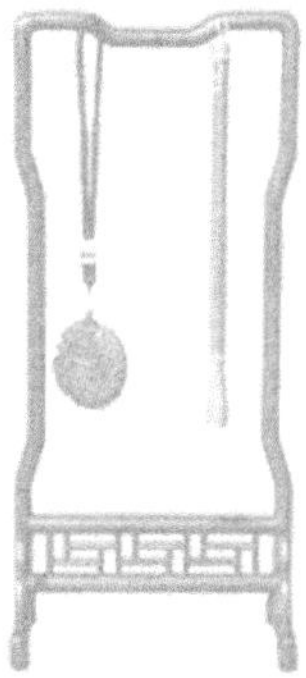

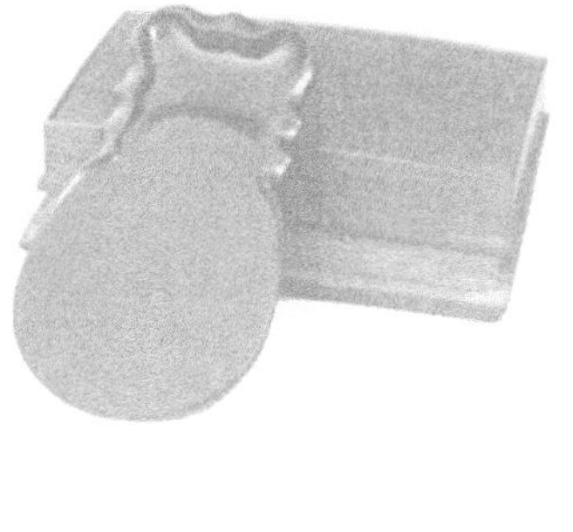

第一节　我国非物质文化遗产保护概况

一、非物质文化遗产保护概况

保护非物质文化遗产是一项世界性课题，中国在联合国教科文组织倡导“鼓励各国政府、各非政府组织和各地社区开展鉴别、保护和利用其口头和非物质遗产的活动，因为这种遗产是各国人民集体记忆的保管者，只有它能够确保文化特性永存”[①]并积极响应抢救和保护非物质文化遗产的号召，做出了一些具体的实践工作，从而形成了一定的保护实践经验，为世界非物质文化遗产保护做出了自身的重要贡献。

非物质文化遗产保护工作是维护我国文化发展独立性和保护文化多样性的重要举措，是增强我国文化软实力和国际竞争力的重要途径。实际上，中国非物质文化遗产保护早在20世纪初就已萌芽，主要肇始于民俗学领域。这是因为，广义上的民俗学其实就已囊括了我们现

① 王文章:《非物质文化遗产概论》，教育科学出版社2013年版，第14页。

在所说的大部分非物质文化遗产。20世纪初，西学东渐，科学、民主成为两大主题词，为了采用现代科学方法对本国艺术事象进行研究，1918年，北京大学在蔡元培校长的号召下如火如荼地开展了歌谣采集运动，时称“北大歌谣运动”，之后还创办了“歌谣周刊”，遴选各地具有代表性的歌谣予以刊登、发表，为后世保留了大量的歌谣文化遗产。与此同时，民俗学先驱在中山大学成立了民俗学会，并出版了专刊《民俗周刊》，在田野调查中记录、整理了许多具有现在非物质文化遗产意义的事象，是当代人们进一步了解彼时民众生活与精神状态的重要窗口。抗日战争爆发后，一些大学与机构被迫向西部迁移，客观上促进了对西南少数民族非物质文化遗产的研究，这些深入的实地考察研究，也为50年代中国少数民族社会历史层面的调查奠定了一定基础。

新中国成立后，中国政府在保护民族民间文化遗产上投入了大量精力，采取了诸多积极的有效措施，且取得了一些可喜的成绩。尤其是在“百花齐放、百家争鸣”的“双百”方针下，主要针对表演艺术，如传统剧种、唱腔、代表性曲目、服装道具、脸谱以及老艺人技艺进行整理与记录。此时期，“非物质文化遗产”的概念还未出现，所进行的民族民间文化遗产的保护工作亦无内部的细致分类，但在国家层面重视民族民间文化遗产的导向上，还是取得了巨大进步。1956年，毛泽东同志在《关于手工业工作的谈话》中明确强调：“手工业中许多好东西，不要搞掉了。王麻子、张小泉的刀剪一万年也不要搞掉。我们民族好的东西，搞掉了的，一定都要来一个恢复，而且要搞得更好些。”① 这说明，国家领导人已对民族民间文化遗产的保护作出了重要指示。然而，由于新中国成立初期我国的行政体系还未健全，该方面的管理工作尚处在摸索的初级阶段，并未形成专门非物质文化遗产事宜的管理或保护机构，主体保护还是以知识分子、民间社团为主。需要一提的是，1950 年，中国民间文艺研究会成立，郭沫若任理事长，这也是当时全国民间文艺研究活动的最高机构，致力于调动广大民间力量开展民间文艺（包括现在的非物质文化遗产）的研究与保护工作。

“文化大革命”期间，民族民间文化遗产保护工作被迫停止，民族民间文化遗产遭到了破坏。改革开放后，全国各个领域百废待兴，逐渐迎来了自身的建设性时代，在文化自觉性的推动下，我国政府开始接续民族民间文化遗产的保护工作，将这一事宜逐步导入正轨。标志性事件就是文化部等相关部门发起的“十大文艺集成志书”的编纂工作。这一时期，相关部门接续了 60 年代的“集成”工作，延续了此前以民间社团、知识分子为主体的保护民间文化遗产的历史使命。国家层面亦介入民间文化遗产的抢救与保护，从中央到地方政府建立并大力扶持了一批关于该方面的学术机构，系列丛书不断面世，尤其是文化部率先发起编写的《中国民歌集成》《中国戏曲音乐集成》《中国民族民间器乐曲集成》《中国曲艺音乐集成》，并成立了全国社会科学规划领导小组。

步入 21 世纪后，联合国教科文组织正式开启了人类口头非物质文

---

① 《毛泽东选集》第五卷，人民出版社 1997 年版，第 50 页。

化遗产代表作项目的申报以及评估事宜，非物质文化遗产保护工作向前迈进了一大步。我国在“申遗”大潮下，2001年昆曲艺术被列入第一批“人类口头非物质文化遗产代表作项目”，2003年古琴艺术被列为第二批“人类口头非物质文化遗产代表作项目”，尤其是2004年中国加入《保护非物质文化遗产公约》，以政府为主要力量的非物质文化遗产保护工作在全国得以迅速展开，逐步取得了显著的成绩。2005年，国务院办公厅颁布了《关于加强我国非物质文化遗产保护工作的意见》、全国范围内开展了如火如荼的非物质文化遗产保护工作，包括普查、访谈、整理成册等，并建立了较为完备的国家、省、市、县四级非物质文化遗产名录及代表性传承人保护制度。建立健全非物质文化遗产保护机制、划定非物质文化遗产生态保护区、建立专题博物馆和传习所、设立“非物质文化遗产日”、拨付专项经费、以立法形式保障非物质文化遗产传承工作的有效开展。

2006年，国务院公布了第一批国家级非物质文化遗产名录518项。次年，公布第二批国家级非物质文化遗产名录510项、扩展项目42项，并评选出第一批、第二批国家级代表性非物质文化遗产传承人777人，内容涵盖民间文学、舞蹈、音乐、美术、曲艺、戏曲、杂技、手工艺、民俗事象、传统医药等十个类别。各地各级非物质文化遗产亦在不断普查中得以公布，建立起了相当完善的体系化评选机制。从2006年开始，在国家呼吁、倡导的基础上，全国各地纷纷举办各级非物质文化遗产展演与学术研讨等活动，以网络、广播、电视、报刊等媒体形式普及宣传非物质文化遗产的重要价值及其保护意义，进而形成了政府、传承人、专家学者、民众联动的全方位保护体系，在政府与民间的共同努力下，非物质文化遗产已“飞入寻常百姓家”，为大众所熟知，有力地推动了非物质文化遗产的保护工作。现在，非物质文化遗产不光从实践上取得了重要成绩，也在学理层面保障了非物质文化遗产自身的阐释与发展。

2021 年 5 月 25 日，文化和旅游部印发了《“十四五”非物质文化遗产保护规划》（文旅非遗发〔2021〕61 号），从总体要求、主要任务和保障措施等方面阐述了“十四五”时期非物质文化遗产保护工作。以牢牢把握正确方向、坚持以人民为中心、坚持系统性保护、依法科学保护、守正创新为基本原则，贯彻“保护为主、抢救第一、合理利用、传承发展”工作方针，明确提出，“非遗”保护工作到 2025 年的发展目标和 2035 年的远景目标，制定了加强非遗调查、记录和研究，加强非遗项目保护，加强非遗传承人认定和管理，加强非遗区域性整体保护，加大非遗传播普及力度和服务社会经济发展 6 个方面主要任务，并通过 8 个专栏对传统工艺高质量发展、文化生态保护区建设等重点工作进行了部署，并从加强组织领导、完善政策法规体系、强化机构队伍建设、加强经费保障 4 个方面保障各项措施的落实，推动形成有利于非遗保护传承的体制机制和社会环境[①]。同时，非物质文化遗产已正式成为普通高等教育的本科专业目录，标志着其在教育体制内的确立。“非物质文化遗产学科的建设，不仅仅是非物质文化遗产学科获得承认并进入教育部颁布的学科目录，还要确立非物质文

① 中华人民共和国文化和旅游部官网，政策解读版块《一图读懂“十四五”非物质文化遗产保护规划》。

化遗产传承人'学者'的身份，给予传承人正当的话语权，赋予传承人在学科建设中的主导地位。"[①] 凡此种种，均彰显出新世纪以来我国对非物质文化遗产保护工作付出的艰辛探索和所取得的骄人成绩。

二、非物质文化遗产生产性保护概况

在非物质文化遗产十大类项目中，传统技艺类项目不仅以其精美的观赏性成为博物馆和展览会中的热门展品，更以其实用性和收藏性成为消费目标。非物质文化遗产类产品与基于发明创造、技术创新和专利保护制度的现代工业生产不同，属于稀缺资源，有些更是不可再生资源，是区域间文化资源差异的主要表现。

禀赋差异和技艺原创的本质决定了非物质文化遗产类产品不能完全照搬现代生产组织方式和产业化经营模式进行生产制作或参与市场竞争。各级行政管理部门认识到非物质文化遗产所具有的社会价值、文化价值和经济价值，在中央宏观政策引导下，根据地方特色和非物质文化遗产的不同特点，因地制宜采取保护措施，在非物质文化遗产保护工作实践中，创新性地采用了"生产性保护"的方式，促进了非物质文化遗产的活态传承。我国不仅制定了一系列促进非物质文化遗产生产性发展的政策法规，还在金融和税收方面给予诸多优惠措施；对辖区内非物质文化

① 万建中：《传承人：非物质文化遗产学科建设的主体》，《中央民族大学学报》（哲学社会科学版）2022 年第 3 期。

遗产企业的创立和发展从政策层面予以引导，从实际运作过程中予以大力协助；积极帮助企业融资，简化企业用地审批程序，带领企业进行宣传和推广，等等，多措并举，有效地扶持了非物质文化遗产企业的发展。

近年来，由于民众的广泛关注和新闻媒体的大力宣传，各级非物质文化遗产传承人和传承单位的社会地位皆有很大提升，成为传承具有民族精神、蕴含浓郁民族感情的传统技艺的标兵。部分传承人在研习技艺的同时还注重自身文化素养的提升，不仅使自己的产品顺利融入现代产业生产体系、产品远销海外，还在参阅古籍的过程中恢复了已经消亡多年的技艺，使得传承体系更加完善，在日常生产和销售中，根据时下消费者的审美和使用需要，创新研发新产品，满足顾客的个性化需求。

非物质文化遗产生产性保护不仅推动了区域文化发展，也通过文化辐射力的带动作用，显著提升了地方经济实力，拉动了区域内旅游业、服务业等相关产业发展，为地方经济发展做出了重要贡献。绰约多姿的非物质文化遗产为文化产业和旅游业提供了丰富资源，优秀的文化传统不仅增强了当地群众的文化凝聚力和向心力，更能吸引和留住优秀人才，构建新的产业体系，创造巨大的经济价值和社会价值。一些地方，生产性非物质文化项目单位已成为利税大户，是地方招商引资的有力推手，已经成为推动当地经济增长的主导产业。

第二节　安徽省非物质文化遗产保护工作概况

安徽省位于我国的中东部地区，跨长江、淮河南北，与江浙、江西、河南、湖南、山东毗邻，其名是由清代初期各取安庆府（政治中心）、徽州府（经济中心）两府之首字组合而成。安徽省域现辖16个地级市、9个县级市、50个县、45个市辖区，省会为合肥市。地理特征多样，长江、淮河两条主要的河流贯穿全境，将全省划为三个自然区域，即淮河以北的平原地区、长江淮河之间的丘陵河湖一带、长江以南具有山岳风光的皖南地区。安徽境内有诸多灵山毓秀，如黄山、九华山、大别山、天柱山；亦有许多活水环绕，如巢湖、南漪湖、龙感湖等。受地理环境影响，安徽矿产资源丰富，种类较为齐全，为非物质文化遗产传统技艺类项目提供了丰厚的物质性媒介，亦为“生产性”保护提供了重要的物质基础和价值依存。由于并非所有非物质文化遗产项目都适用于“生产性”保护，目前仅有传统技艺、民间美术和中医药方面的炮制技术可被划归到“生产性”保护范围，因为这些项目本身所带有的生产、商品、市场属性，其保护方式即是让它们在生产实践流通中受到保护，并得以进一步发展。

我国在非物质文化遗产体系上，将其划分为国家、省、市、县四级名录。相关资料显示，目前，安徽省具有的国家级非物质文化遗产项目共有5个批次，10个类别，共计99个项目。第一批（2006年）共计26

项，第二批（2008 年）共计 34 项，第三批（2011 年）共计 14 项，第四批（2014 年）共计 14 项，第五批（2021 年）共计 11 项，国家级代表性传承人共计 75 人。其中，涉及“生产性”保护的“传统技艺类”项目共计 25 个，占比 25.3%，可见，在安徽省国家级非物质文化遗产项目的十大类别中，“传统技艺类”非遗项目所占比重较高，这说明以技艺为核心的项目的重要性，亦彰显出对“技艺类”非物质文化遗产保护的迫切性。安徽省省级非物质文化遗产项目亦有 5 个批次，10 个类别，共计 530 项。第一批 127 项，第二批 111 项，第三批 77 项，第四批 71 项，第五批 144 项，省级代表性传承人 576 人，其中传统技艺类 166 项，占比 31.3%，其余市、县级非物质文化遗产数量更是不计其数，彰显出安徽省域内非物质文化遗产的丰厚特征。

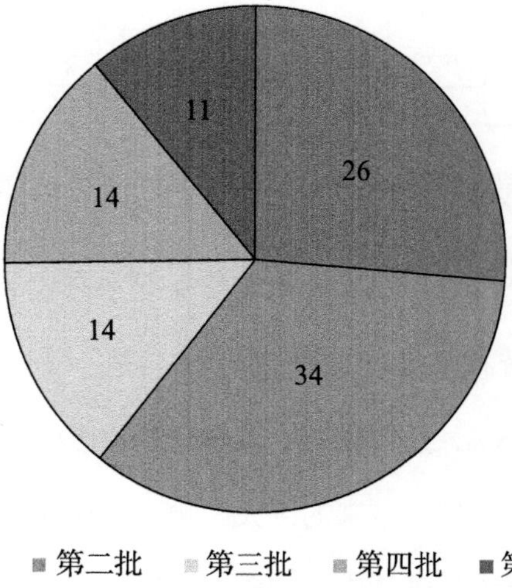

图 1-1　安徽省国家级非物质文化遗产代表性项目分批次统计图（数量：项）

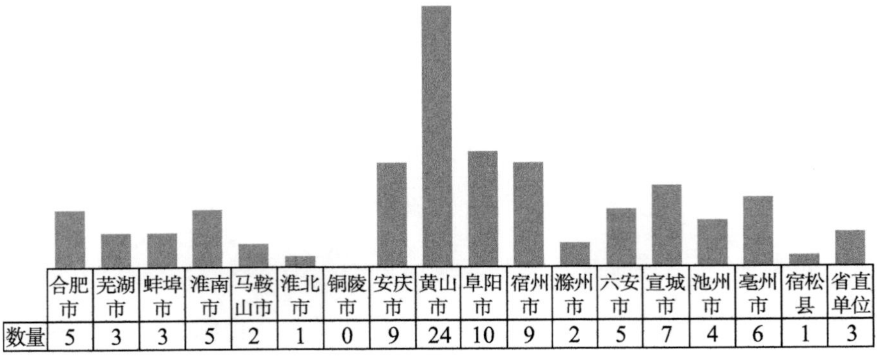

图 1-2　安徽省非物质文化遗产代表性项目分区域统计图（数量：项）

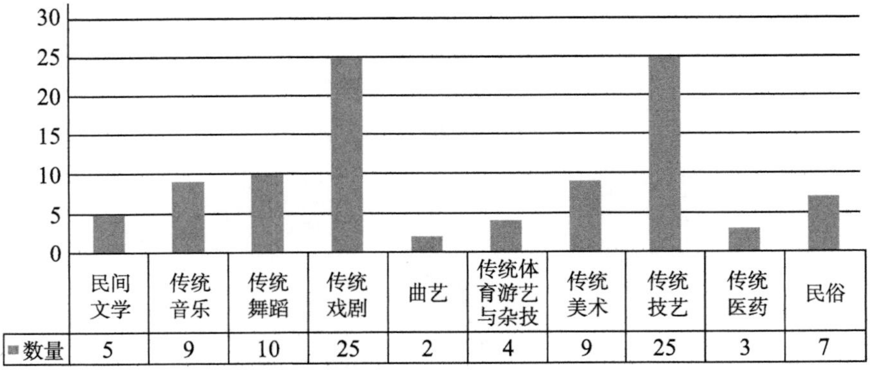

图 1-3　安徽省国家级非物质文化遗产代表性项目分类统计图（数量：项）

通过图 1–3“安徽省国家级非物质文化遗产代表性项目分类统计图”来看，安徽省传统技艺类项目以 25 项排名第一（与传统戏剧并列），占全部项目数量的 25%，这取决于安徽省深厚的历史文化底蕴，以及徽商在一定历史时期鼎盛发展所带来的巨大影响力，这种影响力虽一度式微，但在今天仍然具有巨大的延续效应和辐射效应。传统技艺类非物质文化遗产是需要深入钻研、学习后方可通晓、掌握的技能类项目，它们与人们的日常生活、生产劳动、审美需要息息相关。尤其是自宋明以来，资本主义萌芽，随着安徽手工业与纺织业等轻工业的发达，具有地域文化特色的徽墨、宣纸、歙砚、红茶、绿茶、毛笔、桑皮纸等传统手工艺得到快速发展。这些都是非物质文化遗产“生产性”保护的重要对象，本书针对其进行调研，从安徽省部分企业窥探“生产性”保护政策的效果，分析其共性和个性问题，为其未来发展提出建议。

为有效保护和传承国家级非物质文化遗产，鼓励和支持国家级非物质文化遗产代表性项目代表性传承人开展传习活动，自 2007 年起，原文化部先后公布了四个批次的国家级非物质文化遗产代表性项目代表性传承人名单，共计 1986 人。2018 年 5 月，文化和旅游部确定了第五批国家级非物质文化遗产代表性项目代表性传承人名单（1082 人）。截至目前，五批国家级非物质文化遗产代表性项目代表性传承人共计 3068 人。① 其中，安徽共有 119 人入选。根据安徽省文化和旅游厅的统计，截至 2019 年 10 月，安徽省 119 位国家级非物质文化遗产代表性项目代表性传承人中已有 19 位去世。

---

① 数据来源：①文化部关于公布第一批国家级非物质文化遗产项目代表性传承人的通知（文社图发〔2007〕21 号）（含名单）：http://www.ihchina.cn/3/10338.html；②文化部关于公布第二批国家级非物质文化遗产项目代表性传承人的通知（文社图发〔2008〕1 号）（含名单）：http://www.ihchina.cn/3/10340.html；③文化部关于公布第三批国家级非物质文化遗产项目代表性传承人的通知（文非遗发〔2009〕6 号）（含名单）：http://www.ihchina.cn/3/10342.html；④文化部关于公布第四批国家级非物质文化遗产项目代表性传承人的通知（文非遗发〔2012〕51 号）（含名单）：http://www.ihchina.cn/3/18568.html；⑤文化和旅游部关于公布第五批国家级非物质文化遗产代表性项目代表性传承人的通知（文旅非遗发〔2018〕8 号）（含名单）：http://www.ihchina.cn/14/54775.html；⑥中国非物质文化遗产网 http://www.ihchina.cn/representative#target1。

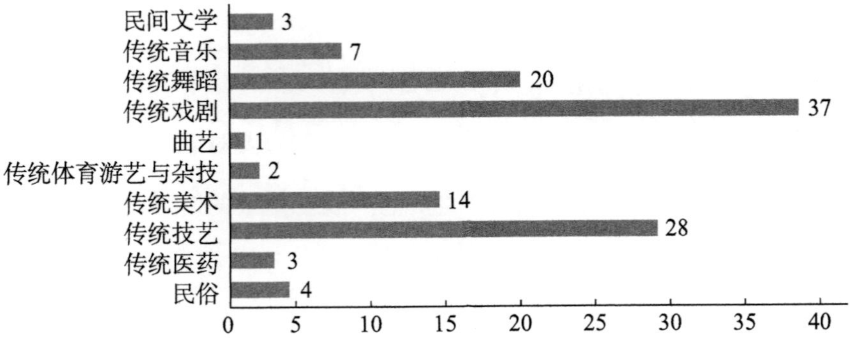

图 1-4　安徽国家级非物质文化遗产项目代表性传承人分类统计图（数量：人）

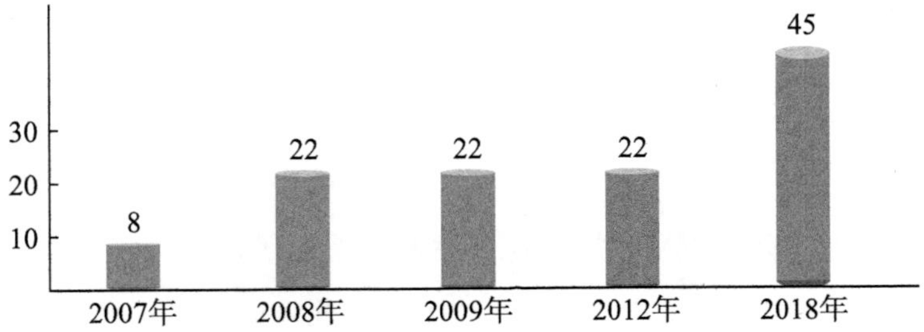

图 1-5　安徽国家级非物质文化遗产项目代表性传承人批次统计图（数量：人）

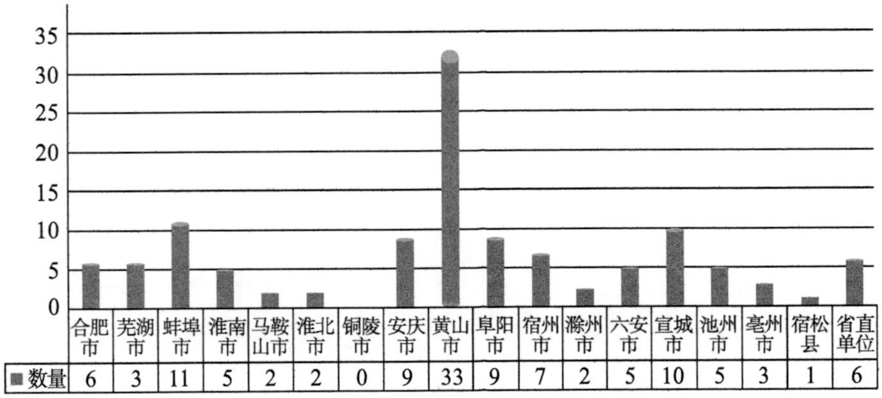

图 1-6　安徽省国家级非物质文化遗产代表性项目代表性传承人所属地区统计图
（数量：人）

近年来，安徽省逐步健全国家、省、市、县四级非遗名录体系，出台了《安徽省级文化生态保护区管理暂行办法》《安徽省徽州文化生态保护区管理办法》等系列区域性管理办法，非遗保护和传承能力大幅提高，非遗保护制度和工作体系更加健全，非遗代表性项目焕发生机。截至2021年，安徽省现有世界非物质文化遗产3项，国家级88项，省级479项，市、县级5600余项；拥有国家级非遗传承人119名，省级792名，市、县级7100余人；国家级非遗生产性保护基地3个，省级非遗传承基地（所）87个，省级非遗教育传习基地30个。徽州文化生态保护区入选国家级文化生态保护区，故宫博物院驻安徽黄山市徽派传统工艺工作站列入国家级传统工艺工作站，中国非遗传统技艺大展等活动陆续举办，非遗进景区、进校园等“五进”活动广泛开展，全省范围内保护和传承非遗的氛围逐渐浓厚。

聚焦至本书调研所涉及的文房四宝类非遗项目，安徽省目前有国家级项目7个（其中，宣纸制作技艺入选联合国教科文组织命名的人类非遗代表作名录），省级8个；拥有文房四宝类非遗馆4个（中国宣纸博物馆、绩溪胡开文徽墨展示馆、屯溪胡开文非遗馆、屯溪三百砚斋博物馆），非遗教育传习基地（所）11个；拥有国家级文房四宝类非遗项目传承人16名，省级60名，并每年分别给予国家级、省级文房四宝类传承人每人20000元和7000元补助。

2019 年省级非物质文化遗产保护补助资金分配表

单位：万元

序号	单位	省级传承人数	2019 年核定下达数	2019 年提前下达数	本次下达数
1	合肥市	8	5.6	3.2	2.4
2	淮北市	5	3.5	2	1.5
3	亳州市	20	14	8	6
4	宿州市	39	27.3	15.6	11.7
5	蚌埠市	23	16.1	9.2	6.9
6	阜阳市	37	25.9	14.8	11.1
7	淮南市	26	18.2	10.4	7.8
8	滁州市	20	14	8	6
9	六安市	18	12.6	7.2	5.4
10	马鞍山市	12	8.4	4.8	3.6
11	芜湖市	11	7.7	4.4	3.3
12	宣城市	47	32.9	18.8	14.1
13	铜陵市	5	3.5	2	1.5
14	池州市	19	13.3	7.6	5.7
15	安庆市	25	17.5	10	7.5
16	黄山市	110	77	44	33
17	广德县	1	0.7	0.4	0.3
18	宿松县	4	2.8	1.6	1.2
19	省黄梅戏剧院	3	2.1	1.2	0.9
20	省艺术研究院	1	0.7	0.4	0.3
21	省徽京剧院	1	0.7	0.4	0.3
22	省博物院	3	2.1	1.2	0.9
	合计	438	306.6	175.2	131.4

注：2019 年省级非物质文化遗产项目代表性传承人补助标准由此前的每人每年 4000 元，调整到 7000 元。

2021年安徽省国家非物质文化遗产保护资金分配表

单位：万元

序号	市	县区	正式下达金额小计	项目名称	项目单位	正式下达金额	备注
1	合肥市	市本级	80	国家级非遗传承人补助	合肥演艺股份有限公司：庐剧	4	传承人：丁玉兰、黄冰
2				庐剧	合肥演艺股份有限公司	76	复排剧目，开展保护传承、展示推广活动
3		巢湖市	23	国家级非遗传承人补助	巢湖市文化馆：巢湖民歌	2	传承人：李家莲
4				纸笺加工技艺	安徽省掇英轩书画用品有限公司	19	振兴传统工艺
5				国家级非遗传承人补助	安徽省掇英轩书画用品有限公司：纸笺加工技艺	2	传承人：刘靖
6		肥东县	2	国家级非遗传承人补助	肥东县文化馆：洋蛇灯	2	传承人：邵传富
7	淮北市	市本级	40	国家级非遗传承人补助	淮北市杜集区大老周花鼓剧团：花鼓戏	2	传承人：周玉玲
8				花鼓戏	淮北市杜集区大老周花鼓戏剧团	38	复排剧目，开展保护传承、展示推广活动
9	亳州市	市本级	78	国家级非遗传承人补助	亳州市演艺有限公司：二夹弦	2	传承人：付红伟
10				二夹弦	亳州市演艺有限公司	76	复排剧目，开展保护传承、展示推广活动
11		涡阳县	2	国家级非遗传承人补助	涡阳县文化馆：老子传说	2	传承人：胡智

续表

序号	市	县区	正式下达金额小计	项目名称	项目单位	正式下达金额	备注
12	宿州市	市本级	84	国家级非遗传承人补助	安徽省宿州市泗州戏剧团：泗州戏	4	传承人：陈若梅、陶万侠
13				国家级非遗传承人补助	安徽省宿州市梆子剧团：淮北梆子戏	2	传承人：张晓东
14				国家级非遗传承人补助	安徽省宿州市坠子剧团：坠子戏	2	传承人：朱月梅
15				坠子戏	安徽省宿州市坠子剧团	76	复排剧目，开展保护传承、展示推广活动
16		砀山县	2	国家级非遗传承人补助	砀山县文化馆：唢呐艺术（砀山唢呐）	2	传承人：蒋法杰
17		灵璧县	19	唢呐艺术（灵璧菠林喇叭）	灵璧县文化馆	19	开展保护传承、展示推广活动
18		埇桥区	4	国家级非遗传承人补助	埇桥区马戏艺术家协会：埇桥马戏	2	传承人：李正丙
19				国家级非遗传承人补助	宿州市埇桥区花鼓戏剧团：花鼓戏	2	传承人：吕金玲
20	蚌埠市	市本级	12	国家级非遗传承人补助	安徽省泗州戏剧院有限责任公司：泗州戏	4	传承人：鹿士彬、周斌
21				国家级非遗传承人补助	安徽省花鼓灯歌舞剧院有限责任公司：花鼓灯（蚌埠花鼓灯）	8	传承人：冯国好、梅联社、金明、娄楼
22	阜阳市	市本级	44	国家级非遗传承人补助	阜阳市非物质文化遗产保护中心：阜阳剪纸	2	传承人：程兴红

续表

序号	市	县区	正式下达金额小计	项目名称	项目单位	正式下达金额	备注
23	阜阳市	市本级	44	国家级非遗传承人补助	阜阳市演艺有限公司：淮北梆子戏	2	传承人：王永兰
24				阜阳剪纸	阜阳市非物质文化遗产保护中心	19	振兴传统工艺
25				国家级非遗传承人补助	安徽杜氏刻铜艺术有限公司：刻铜（杜氏刻铜）	2	传承人：杜平
26				刻铜（杜氏刻铜）	安徽杜氏刻铜艺术有限公司	19	振兴传统工艺
27		界首市	4	国家级非遗传承人补助	界首市文化馆：界首彩陶烧制技艺	4	传承人：王京胜、卢群山
28		临泉县	2	国家级非遗传承人补助	临泉县文化馆：抬阁（肘阁抬阁）	2	传承人：刘文昌
29		阜南县	2	国家级非遗传承人补助	阜南县柳编工艺品协会：黄岗柳编	2	传承人：王文忠
30		颍上县	40	国家级非遗传承人补助	颍上县花鼓灯艺术团有限公司：花鼓灯（颍上花鼓灯）	2	传承人：陈玉华
31				花鼓灯（颍上花鼓灯）	颍上县花鼓灯艺术团有限公司	38	开展保护传承、展示推广活动
32	淮南市	市本级	2	国家级非遗传承人补助	淮南市八公山豆制品有限责任公司：豆腐传统制作技艺	2	传承人：杨舜天
33		凤台县	42	火老虎	安徽省凤台县文化馆	38	开展保护传承、展示推广活动
34				国家级非遗传承人补助	安徽省凤台县文化馆：花鼓灯	4	传承人：张士根、邓虹

续表

序号	市	县区	正式下达金额小计	项目名称	项目单位	正式下达金额	备注
35	滁州市	凤阳县	42	国家级非遗传承人补助	凤阳县文化馆：凤阳民歌	2	传承人：欧家玲
36				国家级非遗传承人补助	滁州市凤阳县文化馆：凤阳花鼓	2	传承人：孙凤城
37				凤阳花鼓	凤阳县文化馆	38	开展保护传承、展示推广活动
38	六安市	市本级	4	国家级非遗传承人补助	六安市皖西庐剧团：庐剧	2	传承人：武克英
39				国家级非遗传承人补助	六安市文艺创作研究室：大别山民歌	2	传承人：余述凡
40		霍邱县	40	国家级非遗传承人补助	霍邱县淮美奇工艺品有限公司：柳编（霍邱柳编）	2	传承人：潘同利
41				柳编（霍邱柳编）	霍邱县淮美奇工艺品有限公司	38	振兴传统工艺
42		舒城县	2	国家级非遗传承人补助	舒城县文化馆：竹编（舒席）	2	传承人：苏成军
43		裕安区	2	国家级非遗传承人补助	六安市裕安区茶叶协会：六安瓜片	2	传承人：储昭伟
44	马鞍山市	市本级	21	国家级非遗传承人补助	当涂县文化馆：当涂民歌	2	传承人：陶小妹
45				当涂民歌	当涂县文化馆	19	开展保护传承、展示推广活动
46		和县	2	国家级非遗传承人补助	和县庐剧团有限责任公司：庐剧（东路庐剧）	2	传承人：武道芳

续表

序号	市	县区	正式下达金额小计	项目名称	项目单位	正式下达金额	备注
47	芜湖市	市本级	2	国家级非遗传承人补助	芜湖铁画协会：芜湖铁画锻造技艺	2	传承人：储金霞
48		无为市	2	国家级非遗传承人补助	无为市文化馆：灯舞（无为鱼灯）	2	传承人：任俊堂
49	宣城市	市本级	66	长三角非遗合作交流展示展演	宣城市文化和旅游局	60	保护区经费
50				国家级非遗传承人补助	宣城市文化馆：花鼓戏	4	传承人：迟秀云、杨玉屏
51				国家级非遗传承人补助	宣城市书画院：宣笔制作技艺	2	传承人：佘征军
52		郎溪县	2	国家级非遗传承人补助	梅渚民间文化艺术推进会：傩舞（跳五猖）	2	传承人：周国平
53		泾县	46	国家级非遗传承人补助	中国宣纸股份有限公司：宣纸制作技艺	4	传承人：邢春荣、曹光华
54				宣纸制作技艺	中国宣纸股份有限公司	42	开展保护传承、展示推广活动
55		绩溪县	272	国家级非遗传承人补助	宣城市绩溪县胡开文墨业有限公司：徽墨制作技艺	2	传承人：汪爱军
56				绩溪县数字化非遗展示中心建设	绩溪县文化馆	200	保护区经费
57				徽州三雕传习基地建设	安徽绩溪徽善堂木雕有限公司	30	保护区经费

续表

序号	市	县区	正式下达金额小计	项目名称	项目单位	正式下达金额	备注
58	宣城市	绩溪县	272	龙舞（手龙舞）	绩溪县文化馆	38	开展保护传承、展示推广活动
59				国家级非遗传承人补助	绩溪县文化馆：龙舞（手龙舞）	2	传承人：曹武根
60		宣州区	2	国家级非遗传承人补助	宣城市非遗保护中心：宣笔制作技艺	2	传承人：张文年
61	池州市	市本级	4	国家级非遗传承人补助	池州市文化馆：傩戏（池州傩戏）	4	传承人：唐茂华、姚家伟
62		东至县	2	国家级非遗传承人补助	东至县文化馆：灯舞（东至花灯舞）	2	传承人：黄杰海
63	安庆市	市本级	78	国家级非遗传承人补助	安庆市黄梅戏剧团：黄梅戏	2	传承人：韩再芬
64				黄梅戏	安庆市黄梅戏剧院	76	复排剧目，开展保护传承、展示推广活动
65		桐城市	21	国家级非遗传承人补助	桐城市文化馆：桐城歌	2	传承人：查月华
66				桐城歌	桐城市文化馆	19	开展保护传承、展示推广活动
67		怀宁县	2	国家级非遗传承人补助	怀宁县文化馆：孔雀东南飞	2	传承人：李智海
68		潜山市	2	国家级非遗传承人补助	潜山市文化馆：桑皮纸制作技艺	2	传承人：刘同烟
69		宿松县	2	国家级非遗传承人补助	宿松县文化馆：文南词	2	传承人：余杞敏

续表

序号	市	县区	正式下达金额小计	项目名称	项目单位	正式下达金额	备注
70	安庆市	望江县	2	国家级非遗传承人补助	望江县文化馆：挑花（望江挑花）	2	传承人：王世福
71		岳西县	82	国家级非遗传承人补助	岳西高腔艺术中心：高腔（岳西高腔）	4	传承人：蒋小送、王琦福
72				高腔（岳西高腔）	岳西高腔艺术中心	76	复排剧目，开展保护传承、展示推广活动
73				国家级非遗传承人补助	岳西县文化馆：桑皮纸制作技艺	2	传承人：王柏林
74	黄山市	市本级	410	第五届中国非物质文化遗产传统技艺大展	黄山市文化和旅游局	350	保护区经费
75				国家级非遗传承人补助	安徽中国徽州文化博物馆（黄山市博物馆）：徽州三雕	10	传承人：方新中、冯有进、吴正辉、蒯正华、曹永盛；
76				国家级非遗传承人补助	歙县新安国医博物馆：张一帖内科	4	传承人：李济仁、张舜华
77				国家级非遗传承人补助	歙砚制作技艺：安徽省歙县工艺厂	2	传承人：王祖伟
78				国家级非遗传承人补助	徽派传统民居营造技艺：安徽省徽州古典园林建设有限公司	2	传承人：胡公敏
79				传承人群研修研培计划	黄山职业技术学院	40	1 期研修班
80				国家级非遗传承人补助	黄山市非物质文化遗产保护中心：徽州民歌	2	传承人：操明花

续表

序号	市	县区	正式下达金额小计	项目名称	项目单位	正式下达金额	备注
81	黄山市	歙县	80	徽州古城民俗文化节系列活动	歙县文化旅游体育局	50	保护区经费
82				徽州砖雕传习基地建设	歙县正辉砖雕艺术研究所	20	保护区经费
83				国家级非遗传承人补助	安徽省歙县工艺厂：歙砚制作技艺、徽墨制作技艺	6	传承人：曹阶铭、周美洪、蔡永江
84				国家级非遗传承人补助	歙县徽派盆景协会：盆景技艺（徽派盆景技艺）	2	传承人：洪观清
85				国家级非遗传承人补助	黄山市西园喉科药物研究所：中医诊疗法（西园喉科医术）	2	传承人：郑铎
86		休宁县	32	国家级非遗传承人补助	休宁县齐云山道教协会：道教音乐（齐云山道场音乐）	2	传承人：詹和平
87				休宁县非遗展示中心建设	休宁县文化旅游体育局	30	保护区经费
88		黟县	30	黟县非遗展示馆提升	黟县文化旅游体育局	30	保护区经费
89		祁门县	30	国家级非遗传承人补助	祁门县文化馆：目连戏（徽州目连戏）	4	传承人：叶养滋、王秋来
90				国家级非遗传承人补助	祁门县芦溪乡文化广播电视站：祁门傩舞	2	传承人：汪顺庆

续表

序号	市	县区	正式下达金额小计	项目名称	项目单位	正式下达金额	备注
91	黄山市	祁门县	30	祁门蛇伤疗法非遗传承基地建设	安徽祁门县蛇伤研究所	20	保护区经费
92				国家级非遗传承人补助	祁门县祁门红茶协会：红茶制作技艺（祁门红茶制作技艺）	2	传承人：王昶
93				国家级非遗传承人补助	祁门县博物馆：祭祖习俗（徽州祠祭）	2	传承人：陈敦和
94		屯溪区	106	徽州竹编专题展示传习厅建设	黄山徽字号雕刻文化有限公司	20	保护区经费
95				国家级非遗传承人补助	黄山市屯溪区文化馆：歙砚制作技艺	2	传承人：郑寒
96				珠算（程大位珠算法）	黄山市屯溪大位小学	42	开展保护传承、展示推广活动
97				国家级非遗传承人补助	黄山市屯溪大位小学：程大位珠算法	2	传承人：汪素秋
98				国家级非遗传承人补助	黄山市徽漆工艺有限公司：徽州漆器制作技艺	2	传承人：甘而可
99				徽墨制作技艺	安徽省黄山市屯溪胡开文墨厂	19	振兴传统工艺
100				国家级非遗传承人补助	安徽省黄山市屯溪胡开文墨厂：徽墨制作技艺	2	传承人：汪培坤

续表

序号	市	县区	正式下达金额小计	项目名称	项目单位	正式下达金额	备注
101	黄山市	屯溪区	106	毛笔制作技艺（徽笔制作技艺）	黄山市徽笔工艺研究所	15	开展保护传承、展示推广活动
102				国家级非遗传承人补助	黄山市徽笔工艺研究所：毛笔制作技艺（徽笔制作技艺）	2	传承人：杨文
103		黄山区	30	黄山区非遗民俗节活动	黄山区文化旅游体育局	28	保护区经费
104				国家级非遗传承人补助	黄山市黄山区茶叶协会：太平猴魁制作技艺	2	传承人：方继凡
105		徽州区	24	徽作家具制作技艺挖掘项目	黄山市徽州区徽明坊古典家具艺术馆	20	保护区经费
106				国家级非遗传承人补助	谢裕大茶叶股份有限公司：绿茶制作技艺	2	传承人：谢四十
107				国家级非遗传承人补助	黄山市竹溪堂徽雕艺术有限公司：竹刻（徽州竹雕）	2	传承人：洪建华
108	省本级	省非遗保护中心	480	国家级非遗代表性传承人记录	省非遗保护中心	480	陈敦和、任俊堂、杨舜天、陈玉华、汪培坤、查月华、王世福、金明、曹光华、谢四十、韩再芬、王丹红
109		中国科学技术大学	40	传承人群研修研培计划	中国科学技术大学	40	1 期研修班

续表

序号	市	县区	正式下达金额小计	项目名称	项目单位	正式下达金额	备注
110	省本级	安徽省黄梅戏剧院	6	国家级非遗传承人补助	安徽省黄梅戏剧院：黄梅戏	6	传承人：黄新德、吴亚玲、赵媛媛
111		安徽省徽京剧院	84	国家级非遗传承人补助	安徽省徽京剧院：徽剧	8	传承人：章其祥、李龙斌、谷化民、王丹红
112				徽剧	安徽省徽京剧院	76	复排剧目，开展保护传承、展示推广活动
合计			2534	合计		2534	

从上表可以看出，2021 年，安徽省国家非物质文化遗产保护资金合计 2534 万元，通过进一步查询 2019—2022 年的政务公开数据，2020 年，安徽省国家非物质文化遗产保护资金 2674 万元，2022 年预下达国家非物质文化遗产保护资金 2425 万元。显而易见，中央财政对于安徽省内国家级非物质文化遗产项目及传承人下达的保护资金每年均在 2500 万元左右，专门针对非遗项目和国家级传承人进行了财政补贴，有力地支持了安徽省国家级非物质文化遗产的保护与传承工作。

第二章　田野调查

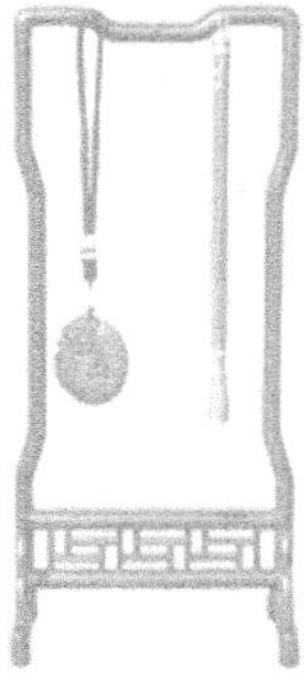

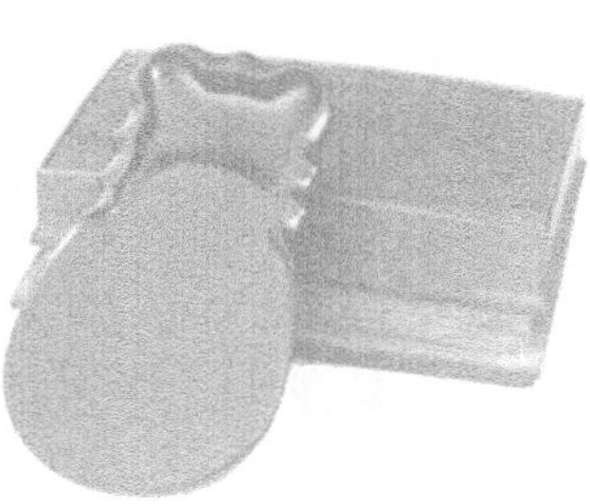

第一节　调查对象情况介绍

一、调研企业简介

此次调研对象位于安徽省徽州文化生态保护实验区[①]内。被调研的六家企业规模大小不一：①休宁县万安吴鲁衡罗经老店；②黄山市屯溪区杨文笔庄；③歙县老胡开文墨业有限公司；④黄山市屯溪胡开文墨厂；⑤中国宣纸集团；⑥黄山徽字号雕刻有限公司。其中国家级保护单位三家，省级保护单位三家，均为传统技艺类非物质文化遗产项目，实行的保护方式均为生产性保护。六家企业的主营业务为万安罗盘、徽笔（又名“宣笔”）、歙砚、徽墨、宣纸、徽州竹雕、木雕等；企业注册资金由几万元到百万元不等；生产模式既有单一的家庭内部成员小型作坊式，

① 徽州“一府六县”，安徽省徽州文化生态保护实验区就是以清末的徽州府行政区域及其相关地域为范围，与其相对应的现今的行政区划范围是：安徽省黄山市全境、绩溪县、江西省婺源县等，是我国首个跨省区的文化生态保护实验区。2019 年 12 月 26 日，徽州文化生态保护实验区入选国家级文化生态保护区。

也有百余名一线技工组成的大型流水线作业；年销售额最低为几万元，最高逾亿元；纳税项目各有不同，涵盖定额税、营业税、企业所得税、增值税等。

二、运作模式

就此次调研对象来看，生产性非物质文化遗产保护的运作模式主要有两种：一种是以家庭作坊式为主要生产方式的家族型运营模式，具有投资规模小、风险系数低、工艺基础扎实、手工原创性高等优势，但难免由于规模较小导致其在生产产量、规模积累、原料采集、融资渠道上遇到难题，难以满足市场的持续性需求，难以保持统一品相的产品；另一种是以公司企业制流水线型生产的运营模式，具有规模大、产量高、效率高的优势，易于创品牌、打市场、获得规模效应，但也会带来工业产品手工化越来越稀释、产品独特性欠佳、运营成本高、投资风险大的弊端。同时，也存在流水作业的产品虽少有次品，但也难出精品的困境。

此次调研报告基本反映了当前生产性非物质文化遗产企业的两种运作模式，并根据其规模，依次将其分为小型家庭作坊式、中型私营企业、大型国营和民营企业，此种分类方式对结构复杂且行业分布广泛的生产性非物质文化遗产项目具有较为明确的区分和比较意义，在实际运作层面具有可参照价值，对政策扶持和财政补贴标准的制定及推广或能起到建议作用。

第二节　田野调查报告

一、家庭作坊式小型私营企业

（一）休宁县万安吴鲁衡罗经老店

1. 企业简介

吴鲁衡罗经老店由创始人吴鲁衡（1702—1760 年）在清朝雍正元年（1723 年）初创于万安镇，由吴氏祖孙世代相传，2023 年即将迎来它的三百周年店庆。这家历史悠久的中华老字号企业，对外营业的店面是一栋面积 400 多平方米的双层老楼，典型的“粉墙黛砖马头墙”式徽派建筑，灯笼高悬，一派繁荣景象，一块“吴鲁衡罗经老店”的老牌匾格外引人注目，店里一排老柜台古色古香，成品罗盘样品分门别类整齐地陈列在柜面上。玻璃柜里，则是历年保留下来的各式罗盘珍品。琳琅满目的奖状和证书挂满了木制墙面，处处彰显着这家老店百年来获得的荣誉和辉煌。吴鲁衡罗经老店的企业性质为私营，注册资金为 300 万元①。

接受笔者调研的是吴鲁衡第八代传人——吴兆光。作为万安罗盘制作技艺的安徽省级非物质文化遗产项目代表性传承人，吴兆光自幼随父亲学习罗盘制造技艺，个人作品曾多次获国家级和省部级奖项。从部队

① 2013 年前，吴鲁衡罗经老店注册资金为 3 万元，2013 年增至 300 万元。

退伍回到家乡继承家业的他敢闯敢做，短短几年内就做了几件大事：耗资近 200 万元翻修老楼，修建“吴鲁衡百年老店”“万安罗盘制作技艺非物质文化遗产传习馆”；兴建万安罗盘博物馆作为展示场所。2021 年 12 月，吴兆光被确定为第八批安徽省学术和技术带头人、安徽省级非物质文化遗产项目代表性传承人。2022 年，吴兆光正在汇总资料，准备申报国家级非物质文化遗产代表性传承人。

图 2-1　吴鲁衡罗经老店门脸，位于万安镇，始创于 1723 年。

图 2-2　吴鲁衡罗经老店后厅有工人现场制作，作为生产间和展示间

图 2-3　万安罗盘非遗技艺传习馆，在吴鲁衡老店后坊（原百年老作坊）基础上设立，以非物质文化遗产——万安罗盘制作技艺的传承为核心，介绍万安罗盘制作技艺流程，展示罗盘制作七大工序，教授学徒万安罗盘制作技艺

图 2-4　万安罗经文化博物馆，展示古罗盘、日晷、风水尺、风水古籍、古图谱、老罗盘制作工具、万安罗盘历代获奖证书等

图 2-5　吴鲁衡罗经文化体验馆，位于黄山市屯溪老街 63 号，具有主题场景观览、罗经文化展陈和研学教育活动等功能

图 2-6　国家级非物质文化遗产项目万安罗盘制作技艺代表性传承人吴水森[①]（右）、省级代表性传承人吴兆光（左）介绍罗盘制作过程

吴鲁衡罗经老店主要营业范围为非物质文化遗产保护、推广、开发、展览、研学等；指南针、日晷（规）、罗盘及其他旅游工艺品制造、销售。其中，万安罗盘和吴鲁衡日规（晷）是其主要产品。

万安罗盘：万安罗盘是现存全国唯一以传统技艺手工制作的罗盘，兴起于元末，发展于明代，兴盛于清朝中叶，是广泛运用于天文、地理、军事、航海和居屋、墓葬选址的重要仪器。万安罗盘制作技艺源于中国传统的罗盘制作技艺，对技艺流程和技艺手法均有严格的规范要求，享有“徽罗”“徽盘”的美誉。

吴鲁衡日规（晷）：日规（晷）是古代民间利用太阳光影来测算时间的计时仪器，吴鲁衡日规（晷）是在清朝年间，由吴鲁衡在原有固定

① 吴兆光父亲，首批国家级非物质文化遗产代表性传承人，中国高级工艺美术师，2014 年逝世。

式日规的制作原理基础上，独创出便携式手工木质日规（晷），是全国仅存的手工木质日规（晷），于2013年被安徽省文化厅批准入选为安徽省级非物质文化遗产名录。

1915年，吴鲁衡制作的日规荣获"巴拿马万国博览会金奖"；近几十年来，陆续获得了"中华老字号""安徽省著名商标""安徽省名牌产品""安徽省首批非非物质文化遗产传习基地"的殊荣。吴水森被文化部评为"首批国家级非物质文化遗产——万安罗盘制作技艺国家级代表性传承人"，吴兆光获"省级非物质文化遗产代表性传承人""安徽省工艺美术大师""全省青年岗位能手"称号[①]，被中宣部评为：2019年度文化名家暨"四个一批"人才——宣传思想文化青年英才。吴鲁衡罗经老店被安徽省委宣传部、安徽省商务厅、安徽省文旅厅共同认定为：2019—2020年度安徽省文化出口重点企业[②]。

2. 运营情况

拥有员工20人；生产原料虎骨树（丝绵木）、白果树（银杏树），一般在黄山市辖区内选材砍伐。其中，成年银杏树、虎骨树（树龄20年以上的）平均售价每棵由2010年1万元涨至2020年数万元。每棵银杏树能够取材0.3—0.5个立方米；虎骨树则更少，每棵只能取材0.1—0.2个立方米。

① 腾讯新闻网：百年风云转乾坤　吴鲁衡罗经老店故事，http://news.qq.com/a/20120706/001465.htm,2012.7。

② 吴鲁衡罗经老店官网：http://www.wawlhld.com/ldry.html。

制作罗盘的基材虎骨树、银杏树必须生长年限在30年以上，目前又被列为国家保护树木而不能随意砍伐，不仅数量稀少，且只能购买经过当地林业部门检验过的人工种植树木，如采伐野生银杏树、虎骨树，则会面临处罚。但检验方式并非物理或化学形式，而是通过走访、调查、询问等人工方式进行鉴定，因此，被界定为“野生”的树木少之又少，因此原材料日渐水涨船高。

3. 生产工艺和流程简介

整个制作过程主要由七道工序构成：选料、车盘、分格、清盘、写盘、油货、安针。其中，安针是其中最关键的一道工序，首先要将钢针放到天然磁石上进行磁化，在安装时尤其要注意磁针的重心，确保指针的支点不会产生阻力，从而让罗盘上的指针可以自由转动。原则上，这道程序都是由传承人单独在房间里秘密操作，为了不让技艺泄露外传，几百年来一直秉承“传媳不传女”的原则授艺。

吴鲁衡罗盘制造工艺流程表

主要工序	具体要求
选料	精选坯料进行裁制（罗盘对木料要求很高，需选用质地坚韧、不显纹理的特等木料，一般选用虎骨木、银杏木），经若干年晾干后，根据不同直径、厚度锯好罗盘毛坯，刨平木坯表面。
车盘	将毛坯车圆成型，挖好装磁针的圆孔，以细砂纸和木贼草（一种中草药）磨光。
分格	依照盘谱，从同一圆心画圆周为横格，再按阴阳八卦、天干地支等刻直格。依推数派系，诸家盘式分别刻画。
清盘	将盘面刻画处，以渗黑处理，并清理干净，再次磨光。

续表

主要工序	具体要求
写盘	遵照秘藏图谱，用毛笔蝇头小楷，依各种盘式，书写分格中的内容，这是很见功力的一道工序，须严谨细心、端正无误。
油货	又称抹油，包括熬炼桐油。需要反复抹油，其技艺超过对一般漆匠的要求。罗盘光亮全凭这道工序，油得好的罗盘百年后仍光洁清晰。
安针	最关键的工序，一般由店主亲自在密室内单独操作。先将钢针置放在天然磁石上使其磁化（吴鲁衡店中的磁石，源自天外陨石，磁化的磁针具有灵敏度高，永不退磁的性能，是其“镇店之宝”）。安装时要精密地测定针的重心，然后牢固地安放在圆孔里，而且不能使支点产生阻力，以便指针自由转动。磁针装毕，封盖圆玻璃片，一具罗盘便制作完成。

图 2-7　罗盘生产过程中的两个工序，分别为清盘（上）和抹油（下）

4. 销售渠道

店面陈设，顾客上门提货；线上售货渠道，在淘宝平台开设电商店铺，目前店铺经营情况良好。

通过线上线下销售渠道，吴鲁衡罗经老店的产品销往全国各地，使用者主要为风水师，以及哲学、环境学、中国传统文化类专业的师生等。近年来，个人收藏品和旅游纪念品需求量也在不断增加，产品供不应求。

5. 年产量

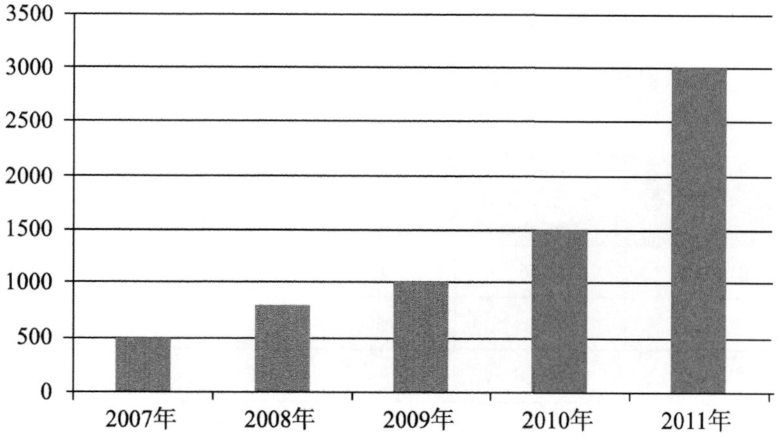

图 2-8　万安吴鲁衡罗经老店年产量（面）

2007—2011 年，受益于“吴鲁衡百年老店”“万安罗盘制作技艺非物质文化遗产传习馆”等传习基地的修建，以及重点展示平台——万安罗盘博物馆的兴建，休宁县万安吴鲁衡罗经老店经营情况良好，个人收藏品和旅游纪念品需求量也在不断增加，5 年来主要产品产量大幅上升，增幅高达 500%，截至 2011 年，万安吴鲁衡罗经老店主要产品产量达 3000 面，较 2010 年增长近一倍。

值得关注的是，2010年期间，该店销售的激增是由于“小盘”的带动，最低600元的定价吸引了很多中低端消费群体的关注，但自2015年后，吴鲁衡罗经老店调整了经营格局，逐渐摒弃了爱好者、纪念品市场，转向专业化、精细化高端市场，产品价格区间增至3000元至10000元，加之该店并未因市场的强劲需求盲目扩张，而是始终保持人工流水线（全店制作师傅为20人），开展小批量规模化生产，因此，2015年至2020年，年均产量稳定在1000面左右。

6. 非生产性运营开支

（1）上缴利税

单位：元

年份 税种	2008年	2009年	2010年	2011年
国税	3246	9243	14352	28000
地税	500	500	500	500

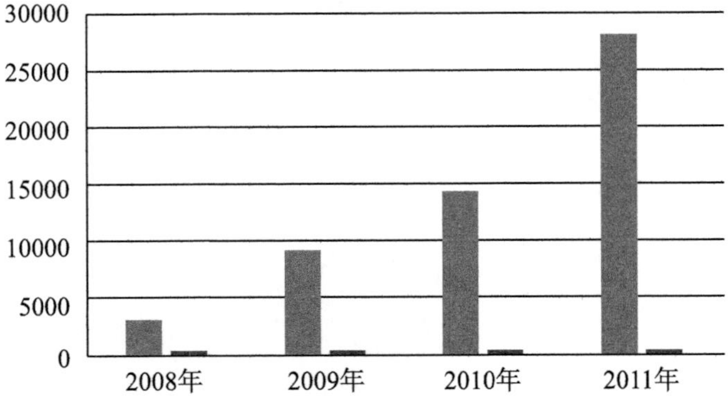

图2-9 万安吴鲁衡罗经老店上缴利税情况

由图2–9可知，2008—2011年，国税是休宁县万安吴鲁衡罗经老店主要税费支出，且受店铺收入连年增长的影响，万安吴鲁衡罗经老店税费缴纳的额度呈现逐年递增的趋势。

（2）其他缴纳的费用开支

由于该企业为小型私营企业，近年来，国家及安徽省陆续出台扶持小微企业的优惠政策，因此其生产经营过程中并未产生其他应缴费用。

7. 历年来政府扶持政策、资金补贴

2010 年：

维修吴鲁衡百年老店，县政府补贴 10 万元。

2011 年：

（1）荣获“省级非物质文化遗产传习基地”称号，黄山市政府奖励 10 万元，安徽省文化厅奖励 5 万元；

（2）建设中国罗盘博物馆，由于企业营业额较低，固定资产规模小，银行不予提供贷款，休宁县政府财政担保贷款 150 万元。

2022 年：

万安罗经文化博物馆改造提升项目，申请到项目专项经费 30 万元。

8. 主要困难和问题

通过走访我们得知，资金、人才和知识产权保护问题是目前吴鲁衡罗经老店经营面临的较大问题。

资金方面，目前吴鲁衡罗经老店的维修资金来源基本为吴兆光自筹，还贷压力较大。2009 年维修吴鲁衡百年老店，投资 100 余万元；2010 年修建万安罗盘技艺传习馆，投资 80 多万元；2011 年修建“万安罗经文化博物馆”，投资 200 万元。以上资金均不含家族性传承和吴兆光个人后期收购抢修的藏品。已建成的传习馆免费对外开放，万安罗经文化博物馆展出家族收藏的400余件展品，免费开放。

由于万安罗盘全系手工生产，生产周期长，产量低，年营业额小，在修建吴鲁衡百年老店和非物质文化遗产传习馆时已借款几十万元，目前建设博物馆所需资金也主要靠银行贷款。

原料方面，由于制作使用的白果树和虎骨树，皆属国家珍惜保护品种，目前乱砍滥伐的状况不利于产业可持续发展。为了保持发展的长期性和稳定性，只有通过大量人工种植，为十年后储备原料，才能保证原料供给。吴兆光说：“长远之计是能开辟山林专门种植原料，不然再过五到十年，便会没有树，但种植成本很高，最低投入50万元，政府没有优惠政策，企业也没有合适的融资渠道，我们也是踌躇不前。不是每个传承人都像我们这样锐意进取的，如果政府不来扶持，很多好项目就只能停滞不前或面临萎缩。”

人才方面，掌握和承载专业知识和精湛技艺的非物质文化遗产传承人，是保证非物质文化遗产代代相传的最为重要的载体。然而，随着市场经济和城镇化发展，大量青壮年劳动力向城市转移，当地青壮年不愿意学习传统技艺，宝贵的技术传承后继无人。吴兆光说：“目前在店里学习万安罗盘制作技艺的人，大多是亲戚，平均年龄在45岁左右，很难招聘到年轻人。”

知识产权保护方面，目前随着电子商务的发展，侵犯知识产权现象越发严重，在淘宝网搜索“万安罗盘”相关词条时，出现了超过1000个相关商品，在拼多多搜索“万安罗盘”相关词条时，出现了超过7000个相关商品，商家除了安徽省内，甚至还有上海、浙江、江苏等华东区域，商品价格在 26 元到 5800 元不等。采访中，吴兆光无奈表示："当前休宁地区就有 4 家卖罗盘的商家，还有一些连店铺都没有的，一个人就能完成全程制作的商家，针对游客，恶意假冒伪劣冒充品牌，因为现在主要通过网络销售，打假不便，助长了假冒伪劣之风。"因此，知识产权保护的缺位对吴鲁衡罗经老店和万安罗盘带来负面影响。

（二）杨文笔庄

杨文笔庄位于黄山市屯溪老街，是黄山市的非物质文化遗产项目——徽笔制作技艺传习基地，也是黄山市规模最大的专业毛笔销售基地。据了解，其门面为按揭贷款购买，面积约 70 平方米。前半部是零售批发销售空间，不仅陈列着各种式样的毛笔样品，四周墙上悬挂知名书画家的书画作品；后半部是加工车间，家庭成员组成的流水线现场组装加工毛笔，为典型的"前店后坊"经营模式。

图 2-10　杨文笔庄在屯溪老街的门店

杨文生于制笔世家，祖辈所制的毛笔曾为贡品，他对全国各地毛笔原材料和制作工艺进行过较为深入的学习和研究，并通过对传统的羊毫、狼毫等多种常用毛笔品种的改良，创新出《桃园三结义》《画龙点睛》《滋龄妙笔》《汇艺集贤》《千丝万缕》等诸多品种毛笔。笔庄目前主要靠杨氏家族的力量支撑：他的父亲、母亲，三个姐姐与姐夫，妹妹与妹夫，还有妻子、儿子，共13人，都是徽笔制作的行家里手。家庭成员各自负责不同的制笔工序，组成完整的制笔流水线，平日分别各自在家生产，成品则拿到店里销售。

徽笔的制作过程十分艰辛，共有72道工序。其中选料、齐毛、配料、粘合笔头、修理笔头是所有工序中最重要的五道工序。

重点工序	具体说明
选料	制作徽笔选料是最重要的，所用材料都是用冬季的动物皮毛，因为只有冬季的动物皮毛，才能达到制笔所需毫毛的标准。 由于北方天气寒冷，黄鼠狼毛体长壮光滑，所以狼毫毛笔制作以黄鼠狼尾巴毛为主。 羊毫则是以山羊毛为主，主要取江苏、浙江的上等山羊毛，因为此地的羊毛细腻柔软毛体光亮。 制作石獾笔和兔毫笔所用材料，来源于安徽。 猪鬃毛大多来自四川。
齐毛	右手握住牛骨齐板，左手握紧毛体的根部，然后用右手的大拇指按紧毛体的顶端，从长到短一根一根地拉齐，然后把拉齐的毛体根据需要的长短，从毛体的根部将多余的部分切除，形成平整的切面，再用单面锋刀轻轻剔去倒毛。 毛体的干湿度需要掌握好，毛体太干，会剔除很多所需的毛；毛体太湿，倒毛则剔不出来。现在的制笔工艺已经将这道工序省略掉了在剔毛前用嘴巴将水吸干这一环节。

续表

重点工序	具体说明
配料	笔头由主毛、副毛、披毛搭配组合而成，配料时按比例将主毛和副毛混合在一起，披毛则单独处理。 放在水中进行重复的梳理折叠，梳理好毛之后，根据笔头需要的大小，将主毛、副毛的混合体分成均匀的小部分，再次梳理，卷成小小的笔头，然后将披毛均匀地缠绕笔头一圈，之后用鹿角菜汁浸润固定毛笔的尖端，然后放置于太阳底下晒干。晒干后，将笔头用线牢固地捆绑，然后用胶水固定线头和笔根，以保证笔头不会轻易脱毛掉毛。
粘合笔头	笔头与笔杆的镶嵌要吻合，镶嵌所使用的传统胶水为松香，而现在使用的胶水范围很广，主要有木工胶和万能胶等种类，但是比较容易脱胶掉头，树脂胶要掌握好用量，且粘好的笔头朝上放置几十个小时，否则笔头很硬，毛笔无法使用。
修理笔头	对于制作一支好的毛笔而言，修笔头是不可或缺的一道环节。修理笔头主要是将毛笔头放置在鹿角菜汁里，再除去多余的胶汁，用修笔刀清理残毛，用手把毛笔头修成圆锥形，而修毛笔头还具备将笔毛拉直、找到毛笔的聚锋点等作用。修好笔头后，将毛笔放置太阳底下晒干，待晒干后再套上笔套，方便运输和携带。

图 2-11　徽笔重点制作工艺

对毛笔制作的精益求精也为杨文带来了不少困难，杨文说："尤其是水洗工序，工人整天都要把手泡在冰冷的水里，一到冬天手便冻烂了，很多人坚持不了，慢慢地就不从事生产了。我们克服困难，没有丢弃祖辈们传下来的手艺。"① 杨文表示，自己非常愿意将传统制笔技艺传承下去，"只要有人来学，我肯定毫无保留地教。"目前，笔庄仍然是家族式小型生产经营单位，资本、厂房和生产基地等资源严重缺乏，无法扩大经营，"作坊"始终未能变成"企业"。

① 根据杨文口述资料整理。

最大困难是没有教学场地，即使有人求学，也无法提供食宿和操作场所。此外，学徒在学习过程中材料损耗量较大，无论哪个环节出错整版原料就报废了，因此收徒成本高也成为杨文担忧的问题。他非常期望政府能够牵头，统一划拨非物质文化遗产生产园地，作为传习基地，将非物质文化遗产相关生产行业集中起来，互相促进，共谋发展。

谈起收益，杨文眉头紧锁，"屯溪老街的这家门面是按揭贷款购买，每月还款3000多元，笔的销量虽不错，但市场价不高，利润低。虽然省财政还给省级传承人每年补贴1000元，但除去成本和家庭成员开销，平均每人每月收入仅2000元左右。"

关于税费一项，笔庄每年缴纳1万元定额税，杨文表示这项开支压力不大，并且销售过程中有时必须开具发票，因此税费缴纳是不可避免的。但是虽然杨文作为高级工艺美术师，笔庄在贷款方面却没有享受到优惠政策。规模小，产量低，固定资产抵押不够，贷款利率太高，"我们要想贷款是很麻烦的，希望政府能够出台相关优惠政策，比如降低利率、贴息、提供政府担保等措施来帮助我们融资"。

杨文在"创新中传承"的道路独具特色。他在继承徽笔祖传工艺的同时还注重与时俱进，提倡量身定制高端徽笔，认为毛笔应以更加主动的姿态去适应书画家的创作需求，根据他们用笔、用墨、用色的特殊要求创制新品种。如今，杨文的儿子大专毕业后，跟着父亲学习制笔，女儿在西安美术学院学习中国画专业，这位有远见的父亲期望一双儿女将来能够互相交流，互相学习，共同促进家传技艺的发展。

二、中等规模注册公司式企业

（一）歙县老胡开文墨业有限公司

位于歙县的这家老墨厂已经有些年头，建筑是七八十年代的老厂房制式，白色墙面历经岁月沧桑已经变成灰黑色。办公室和生产车间里都未安装空调或取暖器等设备，生产条件比较简陋。

图 2-12　歙县老胡开文墨业有限公司正门

图 2-13　样品展示间，案头上整齐地码放着千余种生产成品，同时也作为陈列与销售场所

1. 企业简介

厂长为国家级非物质文化遗产项目徽墨制作技艺代表性传承人周美洪，企业性质为民营，注册资金为300万元。

主营业务及产品：徽墨、歙砚是其主营的产品。其中，徽墨产品采用动、植物油炼烟，拌以皮胶、天然麝香、梅片、金箔等珍贵材料制成，香味浓郁自然，书画自如，舔笔不胶，历久不褪；歙砚是中国四大名砚之一，石实坚润，纹理缜密，贮水不涸，发墨如油。

歙县老胡开文墨厂为中华老字号企业，始创于清乾隆四十七年（1782年），1956年由歙县仅存的四家中华老字号胡氏墨庄合并组成安徽省歙县老胡开文墨厂，1999年7月，歙县老胡开文墨厂兼并歙县工艺厂（安徽歙砚厂），2003年6月改制为歙县老胡开文墨业有限公司。2009年公司营业额总资产达到2944万元，企业规模达到120余人。

早在1915年，歙县老胡开文墨厂即获巴拿马万国博览会金奖；1980年获中华人民共和国质量金奖；1994年获第五届亚洲及太平洋地区国际博览会金奖。从1997年起企业享有自营进出口和产品免检权；1990年始至今，为安徽省"重合同守信用"企业；2000年开始连续荣获"国之宝"证书，被评为全国轻工业重点骨干企业、全国旅游商品定点生产企业；2004年被国家旅游局定为全国工业旅游示范点。

2. 运营情况

占地面积9042平方米，现有员工126人。其中高级职称3人；中级23人；初级18人。公司年产徽墨120吨、歙砚30万方。年销售徽墨占市场比例达65%以上，歙砚占45%以上。

从企业的专业职称分布情况来看，歙县老胡开文墨业有限公司具有高级专业职称员工较少，其专业职称人员主要由中级职称和初级职称人员组成，两者占比超过 90%。

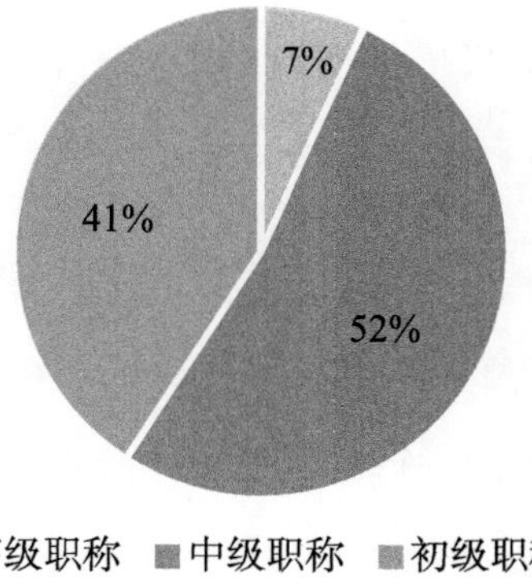

图 2-14　企业员工专业职称分布情况

（1）生产原料种类及来源

徽墨的生产主料是油烟、松烟、炭黑；辅料是皮胶和金箔、麝香、梅片等 20 余种名贵中药材。主料油烟的来源是购入动物、植物油，企业自行加工制造，松烟、炭黑从市场直接采购；辅料全部从市场购买获得。

歙砚的生产原料主要为砚石，大部分从江西订购。

（2）生产工艺和流程

徽墨制作过程（从原料加工到产品出厂主要为八道工序，均为手工制作）：

①和料：胶的配方根据烟料胶质、制作时令、销售地区等因素酌定。胶化过滤后，将所有的材料，药物、香料混合在一起搅拌均匀，杵捣至

一定程度，制成墨锞。老胡开文墨厂用三辊轧机和搅拌机进行生产。

②制墨：先将墨锞在坑炉里恒温后起出，置于墨墩上用六磅方锤翻打，按墨重计量成小锞，在恒温板上搓、捺、推、收成墨锭式样的丸放入墨模，放置坐担下，以墨工自重压平整，待冷却定型脱模。

③晾墨：晾墨房保持恒温恒湿，依据季节时令的变化，防裂防霉，保持墨锭的内质和外观标准。

④整理：晾墨三成干时，要进行锉边；五成干时，要检查平整度；八成干时用纸包封，视气候情况，开包复晾至全干。

⑤填彩：对墨的表面进行处理后，用胶水拌和国画颜料、铜金粉根据墨锭的图案和字填彩。

⑥包装：一则为了防潮，保持墨的品质；二则装潢艺术对墨锭起拱托作用，使产品更显典雅大方。徽墨包装分为软包装和硬包装两类。

⑦墨模制作：墨模是塑造徽墨的模具，集中体现书法、绘画、金石、雕刻的艺术水平。

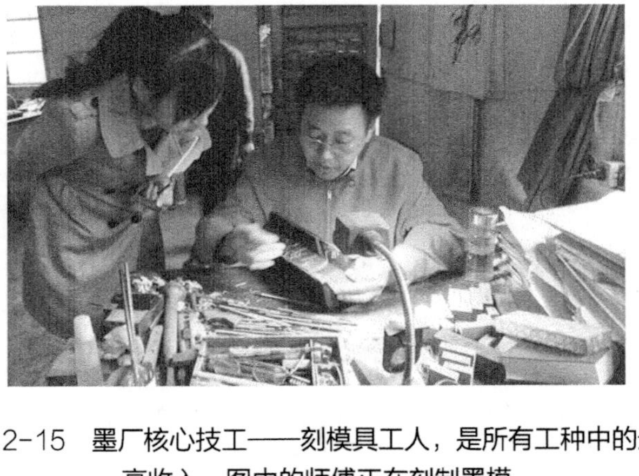

图 2-15　墨厂核心技工——刻模具工人，是所有工种中的最高收入。图中的师傅正在刻制墨模

图 2-16　加工车间，压模成形的工人基本为 40 岁上下的中年男性

图 2-17　描金车间，描金对眼力和笔力要求较高，工人一般为 30 岁左右年轻女工

图 2-18　包装车间，包装工序难度较低，重复度高，工人大都为 40 岁以上的女工

歙砚制作过程：

序号	名称	具体工序
1	选料	按规格、形制、工艺要求进行取料。清脆如铜声者为上品；发音低况者次之；声音发木者即有石病，不宜琢砚。砚石硬度要适中。
2	制坯	分据坯和磨坯两步。制成的砚坯以见不到节理裂隙和次生填充物的矿物细脉者为上品。
3	设计	按砚坯大小、质地优劣、形状方圆等赋以不同图案，先将图摹于砚坯上，再循图雕刻（也可用铁笔直接勾画）。
4	雕刻	分打坯和出细两步，先将水池、砚池，背面凿成阴肚后，再用雕刀修饰。图案先刻成轮廓，逐步细修。
5	磨光	砚刻完成后，根据要求把砚磨光。
6	上光	以棕帚蘸油脂涂抹全砚，使其晶莹光洁。
7	包装	佳砚均须配砚盒，以保护图饰和铭文，起装饰作用。精心制作的砚盒本身就是一件艺术品。砚盒有褪光漆盒、楠木盒、红木盒、梨木盒、红椿木盒等，成品砚台经包装后方可出厂。

图 2-19　歙砚模具雕刻过程

3. 主要销售渠道

国内外均设主营或代销点，利用网络宣传、邮购、电话直销等方式销售。

4. 年产量

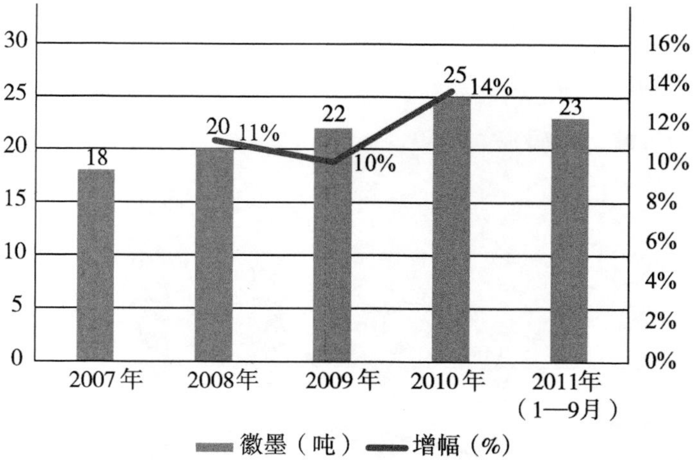

图 2-20　歙县老胡开文墨厂徽墨年产量（2007 年—2011 年 1—9 月）

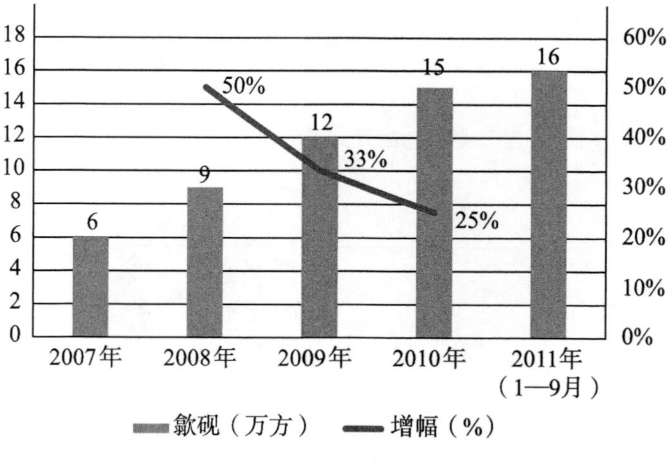

图 2-21　歙县老胡开文墨厂歙砚年产量（2007 年—2011 年 1—9 月）

2007—2011 年，歙县老胡开文墨厂经营状况良好，主要产品徽墨和歙砚，产量呈逐年上升趋势。其中，徽墨年产量持续保持两位数增长，2010 年徽墨年产量增幅高达 14%。相较于徽墨，歙砚的年产量情况更佳，2010 年歙砚年产量增幅高达 25%，值得注意的是，2011 年前三季度歙砚产量规模已大幅超过去年同期水平，高于 2010 年全年产量，预计 2011 年增幅将超过 30%。

5. 年销售额、利润

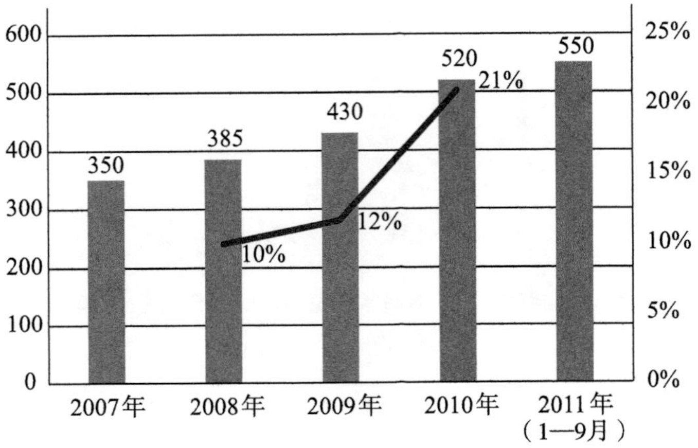

图 2-22　歙县老胡开文墨厂年销售额（万元）

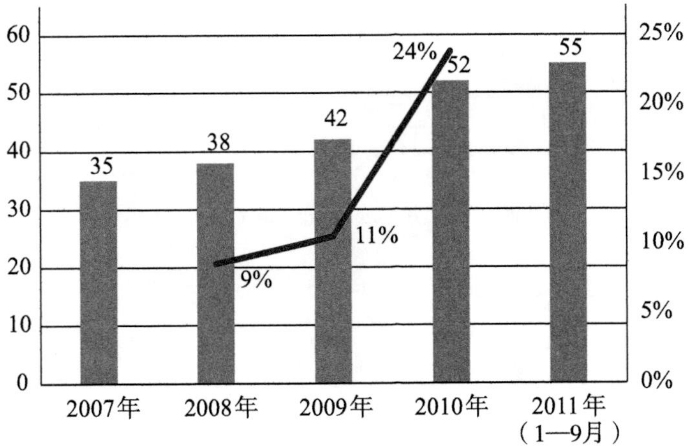

图 2-23　歙县老胡开文墨厂利润（万元）

2007—2011 年，歙县老胡开文墨厂经营状况良好，2011 年前三季度歙县老胡开文墨厂年销售额规模已大幅超过去年同期水平，高于 2010 年全年销售总额。同时，相较于年销售收入，歙县老胡开文墨厂利润表现更加，2011 年前三季度年销售额规模已超过去年全年水平，且由于经营成本控制得当，各项费用开支较于往年同期水平更低，利润率提升显著。2010 年，歙县老胡开文墨厂利润增幅达 24%，超过年销售额增幅 3 个百分点。

6. 非生产成本运营开支

（1）上缴利税

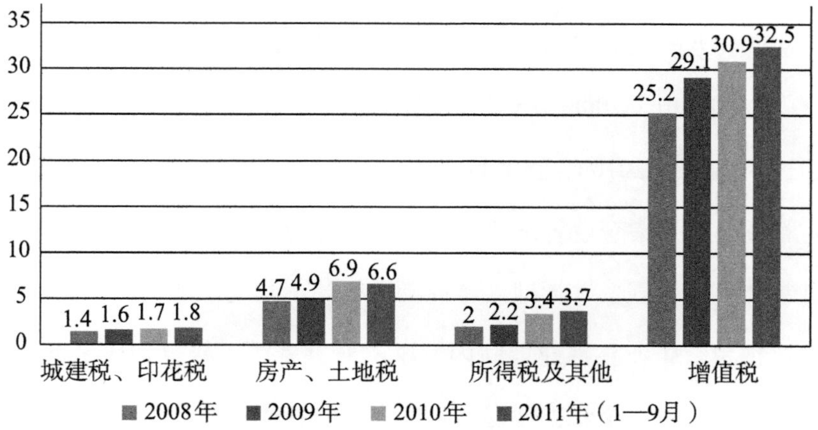

图 2-24　歙县老胡开文墨厂上缴利税情况（万元）

从歙县老胡开文墨厂上缴利税情况来看，增值税是其所缴纳利税的主要部分，2008 年至 2011 年，增值税占全部税收总额均超过 70%，但 2010 年至 2011 年三季度，增值税占比较往年略有下降。

（2）其他费用开支

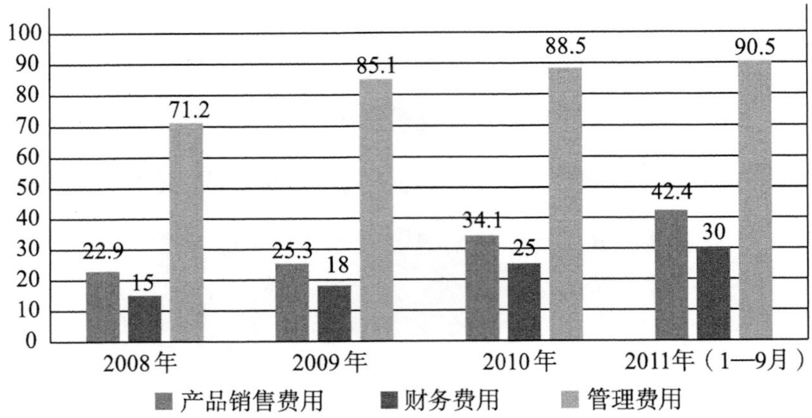

图 2-25　歙县老胡开文墨厂其他缴纳的费用开支（万元）

从歙县老胡开文墨厂成本费用具体项目来看，管理费用是其他费用开支的主要部分，2008 年至 2011 年三季度，管理费用占全部费用总额均超过 50%，但 2010 年至 2011 年三季度，管理费用占比较往年略有下降。管理费用是指企业管理部门产生的各种费用，主要包括企业管理部门日常产生的管理费、管理人员的工资福利、其他杂务费用、已经缴纳的企业税费、企业在筹建期间内发生的开办费等。根据调研情况来看，歙县老胡开文墨厂企业管理部门日常产生的管理费和管理人员的工资福利是企业经营管理中支出较高的项目。

产品销售费用也是歙县老胡开文墨厂其他缴纳的费用开支的主要部分。2008 年至 2011 年三季度，产品销售费用占全部费用总额均超过 20%，随着墨厂年销售额的上涨，产品销售费用也呈现逐年上升趋势，其占全部费用总额的比例亦逐年上升。

7. 历年来所获荣誉、政府扶持措施

改革开放以来，政府着力宣传推介，通过举办或组织企业参加各类文化用品展览会、重大文化旅游节庆等活动，将徽墨、歙砚作为整体品牌对外推介：2004年，歙县政府荣获“中国徽墨之都”“中国歙砚之乡”荣誉称号；2009年老胡开文墨厂被安徽省文化厅授予“徽州文化生态保护实验区非物质文化遗产传习基地”。

墨厂一直以来立足技艺创新，研发徽墨新产品，已有22个徽墨品种获国家“外观设计”专利，“李廷珪”商标成为徽墨著名品牌，连续数年荣获中国文房四宝“金质奖”和“国之宝”证书。2010年歙县老胡开文墨业有限公司被上海世博会定为徽墨歙砚特许产品生产商，歙县政府补贴资金40万元资助企业参展。

8. 主要困难和问题

从老厂长周美洪的介绍中，我们了解到，近年来随着国家非物质文化遗产保护政策法律法规和各项举措的落实，不论是工厂的知名度、产品销量，还是工人生活条件，都有了很大改观。“过去我们手艺人没有地位，经常被人瞧不起，现在我们变成了技艺大师，成为保护中国传统文化的一员，社会地位和公认度大大提升，工人声誉提高了，员工有了自豪感。”

新形势也产生了新问题：

（1）大师越来越少，技术工人难招成了非物质文化遗产行业的共性

最大的困难就是员工培养：一方面，某些手工艺生产行业的工人50岁以后就面临退休，新员工力量衔接不上；手艺学习周期长，就拿做墨

来说，学懂两个月，做精要一辈子。另一方面，由于现在独生子女居多，大学毕业后很少有返乡工作的，招录新人相当困难；其次由于手工艺人工作条件简陋，环境艰苦，基本都是体力活，也是细活，工作就是一整天，奉献一辈子却大多默默无闻。“我们招来的工人一般干不了几个月就忍受不了艰苦和孤独离开了。”因此，提高一线生产者的工资待遇，改善他们的工作环境成为当下亟须解决的问题。

（2）提高产量和原料紧缺之间的矛盾

如今，徽墨制作所用的桐油、松烟，歙砚的砚石，相当一部分是不可再生资源，目前原料的大量使用，使资源面临枯竭窘境，所谓“巧妇难为无米之炊”，对于原料的保护和可持续性开发成为维持墨砚可持续生产的必然之路，要避免产业链的盲目延伸。如何保证生产性非物质文化遗产企业的发展，同时又不对生态环境过度开发造成破坏是当下应该着重考虑的问题。

（3）企业负税重，贷款困难

“我们是劳动密集型企业，原料又是石头、松烟这样的农副产品，收购时农户不具备开发票的资质，因此，所缴纳的增值税基本没有抵扣项，希望政府能出台优惠办法。”目前，企业发展资金不足，而自主创新、扩大发展都需要大量融资，贷款过程中遭遇的困难成为制约小微企业发展的主要因素。例如徽墨生产周期长、成本高、利润小，尤其凸显税赋过高的局面。因此，期待政府对行业的龙头企业、非物质文化遗产保护单位提供更好的帮助和资金的扶持。

（4）政府补贴仍然偏少

周厂长认为，在当前工厂运转良好的形势下，政府要加强对一线生产工人的补贴和保护，“我们每年税后销售额 600 多万元，应该来说市场还是不错的。但目前为止我们仅受到国家级传承人年经费补贴一项，希望国家能够按照一线生产员工数量来进行补贴”。

周美洪期望，国家能够鼓励生产，而不应把重点放在销售层面，“现在的生产者不是太多，而是太少，大家都在拼销量，很少有静下心来挖掘传统技艺的厂家了”。他同时呼吁，要建立活态博物馆而不是纯陈设型博物馆，因为只有在“活起来”的流动性实际生产中，观众才能体味非物质文化遗产的趣味和传承千年的技艺之神奇，要特别避免非物质文化遗产“生于民间，死于庙堂”。

（二）安徽省黄山市屯溪胡开文墨厂

位于黄山市屯溪区的胡开文墨厂，区位优势明显，这里不仅是徽墨主要的生产基地，更是徽墨生产中重要工序——“古法点烟”的遗址所在地，慕名而来的游客络绎不绝。游览墨厂不仅可观赏墨之精品，也可观看制墨的全套工序。和歙县的老墨厂一样，这家墨厂也是依山而建，老树盘根错节，青苔依石而上。不同的是，这家墨厂厂房比较开阔，生产车间也稍显整洁，一进墨厂便是销售和陈设厅，成品墨罗列整齐，琳琅满目，种类繁多。

图 2-26　屯溪胡开文墨厂正门

1. 企业简介

屯溪胡开文墨厂的性质为民营，注册资金 110 万元，厂长为省级非物质文化遗产徽墨制作技艺传承人汪培坤，主营业务为徽墨、砚生产。

乾隆三十年（1765 年），胡天柱首创“休城胡开文墨店”的招牌。在第五代传人胡祥禾经营期间，“胡开文”品牌发展迅猛，除休城胡开文墨庄、屯溪起首胡开文老店外，先后在歙县、芜湖、汉口、长沙、九江、安庆、南京、镇江、扬州、杭州、上海等地，或设分店，或开新店，其经营范围遍及大江南北，抗战期间，各处分店都先后停业。1956年，原屯溪胡开文老店与徽州各处胡开文墨庄、作坊、字号公私合营组成徽州胡开文墨厂（现在的黄山市屯溪胡开文墨厂），胡开文第七代传承人胡连生出任该厂副厂长，继续传承胡开文徽墨制作技艺。当年的休城胡开文停业，部分员工和设备迁入屯溪，屯溪胡开文墨厂是当时全国制墨行业唯一一家国有企业，新厂成立后，屯溪区政府投入大量资金，用于建设厂房、添置设备，胡开文墨厂开业不久就成为国内著名墨厂，多次获得国家优质产品奖章，分别于1979年、1983年蝉联国家优质产品银质奖章，1989年荣获争创国家优质产品金质奖章。屯溪徽州胡开文墨厂注重以现代科技成果为徽墨生产服务，目前有点烟、和料、制墨、雕刻、描金等十多个工艺车间，三个门市部，一个制盒分厂及一个设备齐全的墨锭理化检测中心。

现任厂长汪培坤，1950年出生，14岁开始拜师学习歙砚雕刻技艺，20年间成长为一名优秀的雕刻师傅。1984年，汪培坤凭着过硬的雕工被选入屯溪工艺美术研究所，从事徽墨、歙砚、漆器等徽州传统工艺品的研究和产品开发，1989年调入屯溪胡开文墨厂，师从胡开文第七代传承人胡连生学习、研究、传承徽墨制作技艺和新产品研发。2001年，屯溪胡开文墨厂实行了改制，由国营改制为民营，汪培坤出任屯溪胡开文墨厂厂长，并承接经营。2018年5月，汪培坤被认定为国家级非物质文化遗产徽墨制作技艺代表性传承人。

图 2-27　汪培坤为工人讲解颜色运用

2. 生产运营情况

（1）员工数量：96 人

（2）生产原料主要为纯桐油、纯动物油、纯菜籽油、纯冰片（大梅片）、纯度 99% 以上的纯金箔、纯银箔、纯天然麝香、纯公丁香、纯皮胶、真牛黄、真熊胆、真狗宝、真青鱼胆、真雄猪胆等原材料。①

（3）生产工艺和流程简介

徽墨制作坚持按"易水法"的严格要求，配方、操作精益求精，使用动物胆、纯皮胶、植物油烟、纯金银箔、天然麝香、大梅片、公丁香等十几种贵重中药原料精制而成。易水法是指将松烟、油烟放入水缸，经过三次沉淀、过滤，除去杂质，用其法制成的墨"坚如玉，纹如犀，色如漆"。整个生产过程采用十余道工序，主要包括：点烟、漂烟、和料、打坯、刻模、制墨、晾墨、挫墨、洗水、描金、成品包装。每道工

① 刘巍：《传统手工艺的历史、现状与保护传承的探讨——以徽墨制作技艺及徽墨业的研究为案例》，中国科学院自然科学史研究所 2008 年版。

序都有严格的技术要求，如点烟工序要按照规定的桐油和搭配的动物油进行点烟，不得私自变改，烟料不准任何杂物混入；和料工序要按规定的配方执行，胶和烟搅拌时间是 30 分钟，蒸胶时间不得少于 3 小时；制成的墨要干净、整齐、均衡；晾墨要勤翻，室内温度（10—20 度），墨到七至八成干，上包；描金工序要搭色美观大方，描金不准出线出围、漏画；整理工序线条要打直，不准有掉边、缺角、锯齿行，拖边要四角拖平、字迹图案清楚、不走水；雕刻工序要按照设计的图纸进行雕刻，不得私自变改，刻出来要美观大方，不走样。胡开文徽墨成品要求具有“色泽黑润、坚而有光、人纸不晕、舔笔不胶、经久不褪”等特点。

图 2-28　制作过程中，每一锭墨的重量都需通过天平校准，反复捶打

图 2-29　汪培坤和工人在制墨车间交流[①]

（4）主要销售渠道

厂里自主经营，在全国设经销商和代理商。2013 年，屯溪胡开文墨厂开通网络渠道销售，在淘宝平台开设店铺，目前店铺经营情况良好。

（5）年销售收入

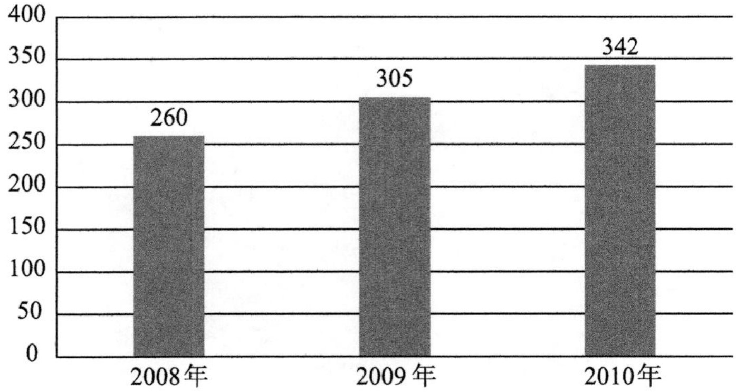

图 2-30　屯溪胡开文墨厂年销售收入（万元）

① 图 2-27 至图 2-29 均源自网络。

屯溪胡开文墨厂是国内制墨行业中三大制墨厂之一，年产、销量均列全国制墨企业前三甲，是2005年全国制墨行业中唯一一家荣获国家首批“中华老字号”称号的企业。企业三年共实现销售收入907万元，平均年销售收入递增14.70%，且三年来，年销售收入呈稳步上升态势，2010年，年销售收入增幅达12%。

（6）税后年利润

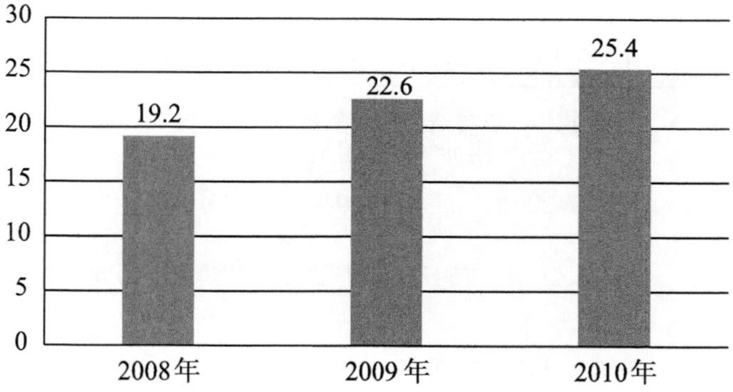

图2-31　屯溪胡开文墨厂税后年利润（万元）

2008—2010年，屯溪胡开文墨厂三年共实现税后利润67.2万元，平均年利润递增15.5%。然而，企业销售利润率三年来均保持7%的水平，主要因为成本较高。调研过程中，企业负责人汪培坤厂长谈到，屯溪胡开文墨厂对于产品质量要求严格，生产线配备专职质检人员，购置徽墨检测设备和计量设备，以保证出厂的胡开文徽墨质量每项指标达到国家的规定标准要求，同时，现有的徽墨墨汁生产线自动化数字化程度不高，主要靠人工进行生产，因此导致了企业生产成本较高，销售利润较低。

3. 非生产性运营开支

（1）上缴利税

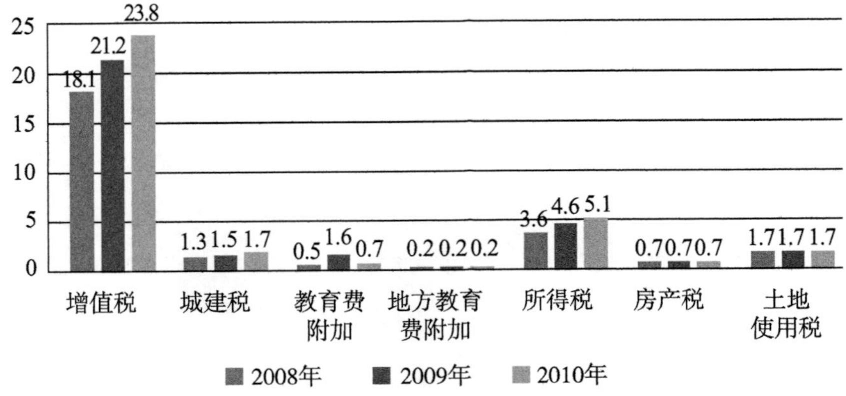

图 2-32　屯溪胡开文墨厂上缴利税情况（万元）

2008—2010 年，从屯溪胡开文墨厂上缴利税情况来看，三年共上缴利税 90.4 万元，平均年上缴利税递增 13.99%。其中，增值税是其所缴纳利税的主要部分，2008 年至 2010 年，增值税占全部税收总额均在 70% 左右，且增值税占比较往年略有上升。所得税是屯溪胡开文墨厂所缴纳利税中占比排名第二的税种，受其经营状况的影响，2008—2010 年，其所得税缴税额度逐年上涨，2010 年，所得税占全部税收总额为 15%。

（2）其他费用支出

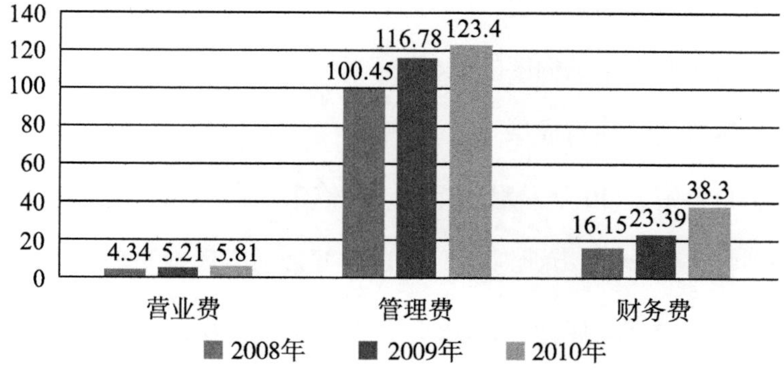

图 2-33　屯溪胡开文墨厂其他缴纳的费用开支（万元）

从屯溪胡开文墨厂成本费用具体项目来看，管理费用是其他费用开支的主要部分，2008 年至 2010 年，管理费用占全部费用总额均超过 70%，其中，2008 年管理费用占比最大，达 83%，但 2009 年至 2010 年，管理费用占比较往年略有下降。根据调研情况来看，屯溪胡开文墨厂企业管理部门日常产生的管理费是企业经营管理中支出较高的项目。

（3）职工保险缴纳

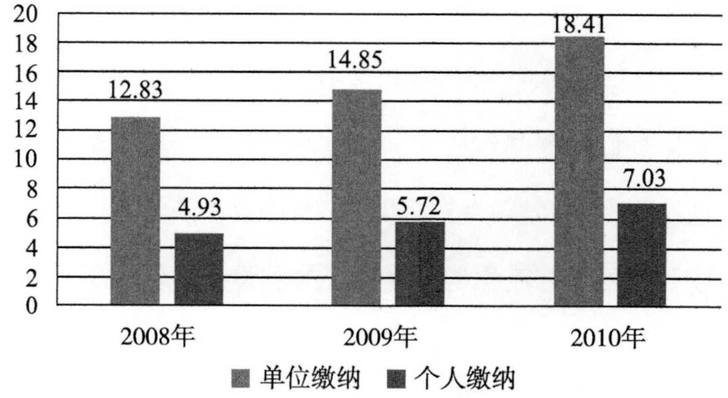

图 2-34　屯溪胡开文墨厂职工保险缴纳情况（万元）

从屯溪胡开文墨厂职工保险缴纳情况来看，单位缴纳比例为72%，个人缴纳比例为28%。2008—2010年，职工保险缴纳中单位缴纳额度较为稳定，约是职工缴纳额度的2.6倍。

4. 近年来主要项目成果

（1）自筹资金30万元用于保护、整修宋代古法点烟遗存。

（2）投入资金30万元对本厂保存的万余副历代制墨名家创作雕刻的珍贵墨模进行清理、保护。特别是对其中2000余副发生虫蛀霉变的墨模进行防蛀、防霉抢救处理；对收藏的明清以来的古墨实物、制墨工具及制墨文献资料（包括墨谱、证书、墨票、价表等）进行专业处理与保管。

（3）设立徽墨传承制作技艺研究和保护室。一是保护了一批技艺水平精湛的老艺人；二是重新调查、整理了徽墨制作技艺工艺流程资料和研究徽墨传统制作技艺，培养人才，使徽墨制作技艺后继有人。

（4）投入资金80万元建立徽墨古法生产作坊，按照徽墨技艺流程购置制墨工具和设备，全面恢复了徽墨的传统制作工艺。

（5）自筹资金160万元建立胡开文徽墨博物馆一座。全方位展示胡开文徽墨的传统制作技艺，展陈历代珍贵的制墨名家墨模、明清古墨实物和具有历史价值的各种文献资料等。

为切实保护好徽墨制作技艺，在生产活动中，企业坚持非物质文化遗产本真性、完整性和核心技艺的保护与传承，恢复建立了徽墨古法生产作坊，按照徽墨技艺流程购置制墨工具和设备，恢复了徽墨的传统制作工艺。

图 2-35　汪培坤厂长多年珍藏的 500 多方唐宋元明清的砚台和徽墨

因为没有足够的、完善的展示平台，这些珍贵的藏品只能整日待在仓库里，汪厂长感到十分可惜。他建议政府是否可以探索出一条“企业将文物捐献给国家，同时帮助企业建立博物馆，由企业经营管理并对藏品进行展示、修复和保护”的办法。

走访期间，我们还遇到了前来观光的两位意大利朋友，他们对于中国文房四宝的生产和制作过程颇感兴趣，饶有兴致地向工人们学习请教，并表示还会再来。汪厂长粗略地估算了一下，每年参观厂房和徽墨制造遗址的游客达到 4 万人。目前，自筹资金 160 万元建立的胡开文徽墨博物馆，向外界免费开放，虽然这是一笔巨款，也不能为厂里创造多少效益，但用汪厂长的话来说：“身为历史悠久的老厂厂长，将这些藏品保护起来，传承下去是我，也是厂里的责任。”后期他还准备恢复“古法点烟”活态陈列室，为避免游人触碰造成损坏，四面采用玻璃进行封隔。

图 2-36　自筹资金 160 万元建成的胡开文徽墨博物馆，已于 2011 年 11 月向游人开放

图 2-37　自筹资金 30 万元整修恢复的宋代古法点烟遗存

汪厂长兢兢业业，毕生致力于产品创新和古法制墨的传承恢复，大胆地在徽墨制作工艺上和材质上进行改进、探索，在徽墨制作材料、材质上进行创新，研制出国内首创、深受书画界赞赏喜爱的精细纯松烟墨、十万杵墨、精细油烟墨、特制油烟墨等一批高级书画徽墨。

图 2-38　工厂目前使用的收集烟灰方式：使用机械化点烟机进行生产，通过上方管道抽烟，收集到袋中。传统"古法制式"，烟房密不透风，通过点燃油灯上的灯草，收集到每盏灯上覆盖的瓷碗中，烟熏在碗里，到时扫取，由于耗时太长，已不再适用

近来又成功恢复漆烟墨制法——漆烟墨是以生漆为主要原料烧烟制成的墨，始于宋代，漆烟墨犀利滋润，光亮如漆，但由于造价较高，生产量少，失传几百年后得以复原。"这些年来，在我们坚持不懈地保护、传承和传播下，胡开文徽墨更具备艺术和收藏价值。"

他也提到，期望中央和地方政府对坚持创新和恢复传统技艺的企业和个人相应的扶持或奖励措施，鼓励大家积极传承技艺，确保非物质文化遗产项目和核心技艺的本真性、完整性保护与传承。"我们的税负较重，希望国家能对我们这样劳动密集型传统手工艺生产企业给予帮助！"

汪培坤呼吁，各级政府可否出台相关政策措施，从对一线生产工人的补贴和博物馆、传习所的基本建设支持上加强对非物质文化遗产重点企业的保护。要避免“撒胡椒式”面面俱到的保护，因为这种扶持模式看似覆盖面广，但也会由于没有侧重点，往往忽略了真正在生产中干实事、有实力、敢担当的传承机构和个人。建议由各级文化和旅游管理部门评定出该地区、该行业的领军人物、行业带头人，对于他们进行倾斜性、集中性扶持，以此拉动行业的整体成长。

三、大型规模国有和民营企业

（一）中国宣纸集团

1. 企业简介

作为首批国家级非物质文化遗产保护单位、大型非物质文化遗产生产型企业龙头，中国宣纸集团坐落在中外闻名的宣纸之乡——安徽省泾县，创建于1951年，是中国最大的宣纸生产企业，2009年，由宣纸集团申报的“宣纸制作技艺”被联合国教科文组织列入《人类非物质文化遗产代表作名录》。目前，中国宣纸集团宣纸年产能500吨左右，占宣纸行业产量80%左右，是文房四宝生产企业、手工造纸领袖企业、宣纸与书画纸国家标准起草单位，被授予全国影响力国家文化产业示范基地、国家级非物质文化遗产生产性保护示范基地、国家重点文化出口企业、国家级高新技术企业、中华老字号等称号。

企业性质为国营，集团公司副总经理邢春荣为 国家级非物质文化遗产项目宣纸制作技艺代表性传承人。集团主营业务为生产、经营宣纸，注册商标为“红星”牌。

图 2-39　宣纸集团荣誉称号

2. 生产运营情况

（1）企业占地面积约为 19 万平方米，在职员工人数 1126 人。

（2）生产原料主要为青檀皮、沙田稻草等。

图 2-40　工人正在山坡上晒料

图 2-41　捞纸工序，由一名掌帘的大师傅和一名抬帘的二师父合作完成，以前旁边还需要一位搅拌师傅，现在已用电动搅拌机代为完成

图 2-42　晒纸和剪纸工序。晒纸车间（左图）一年四季高温如火，师傅要将从水中捞起的纸一张张贴到烧热的石板上再揭下；剪纸工（右图）多为女性，主要工作为剪去烘干后的宣纸的毛躁边角，制成统一规格的成品纸

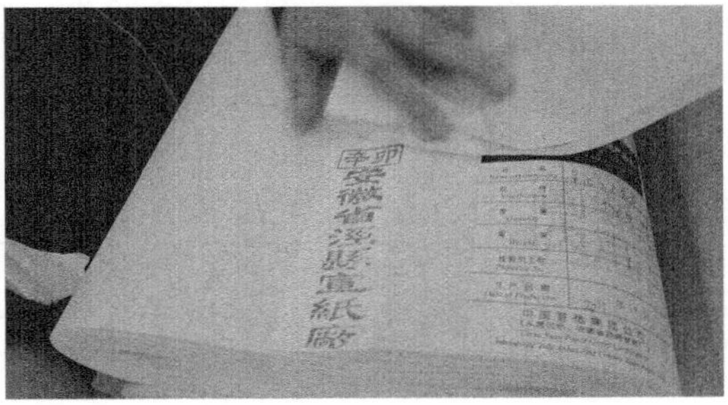

图 2-43　制作完成等待包装出厂的宣纸成品，商标上附有详细的品名、规格、数量、质检员工号和生产日期

（3）主要销售渠道

宣纸集团的销售渠道分为线上销售和线下销售。线上销售方面，主要通过天猫商城（红星旗舰店）进行销售，目前，该店铺粉丝数达5.9万。线下渠道方面，主要产品输出分为内销和外销，其中，内销主要由中国宣纸集团的“红星阁”[①]及国内各地经销商代理，销往全国所有大中小城市的书画从业者和爱好者。外销主要将产品销往日本、韩国等东南亚国家和地区。

图2-44　中国宣纸集团自有营销展示中心“红星阁”

① “红星阁”坐落在泾县县城“中国宣纸城”内，由中国宣纸股份有限公司于2001年1月创办，拥有固定资产400余万元，经营面积1200平方米，经营文房四宝产品1000余种，年营业额达1100余万元，是目前国内规模最大、辐射最广的文房四宝专营店。

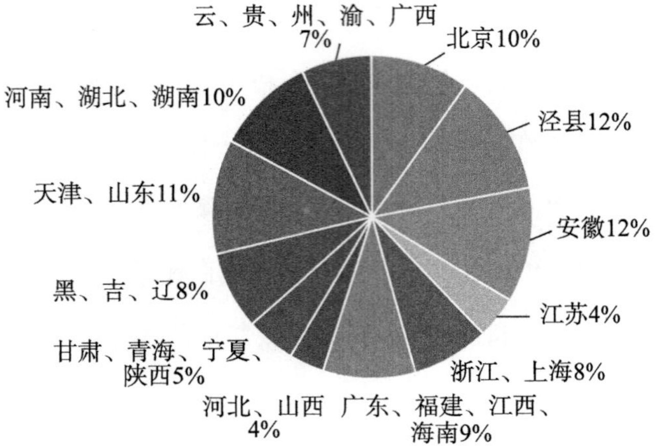

图 2-45　中国宣纸股份有限公司经销商分布情况

由图 2-45 所知，中国宣纸股份有限公司国内经销商较为广泛，基本上覆盖了我国主要省份，主要分布于北京、泾县和安徽（除泾县外）三个区域，占国内经销商比重超过 1/3。

（4）主要参股情况

从中国宣纸股份有限公司参股情况来看，中国宣纸股份有限公司是一家国有控股企业，泾县财政局是该公司的最大股东和实际控制人，持股比例高达 61.33%，对公司经营享有绝对控制权。中国通用咨询投资有限公司、科大讯飞股份有限公司、安徽省财政厅、宣城市国有资产投资有限公司、山东文旅投资集团有限公司、泾县国有资产投资运营有限公司等单位也是中国宣纸股份有限公司的重要股东。

（5）年产量

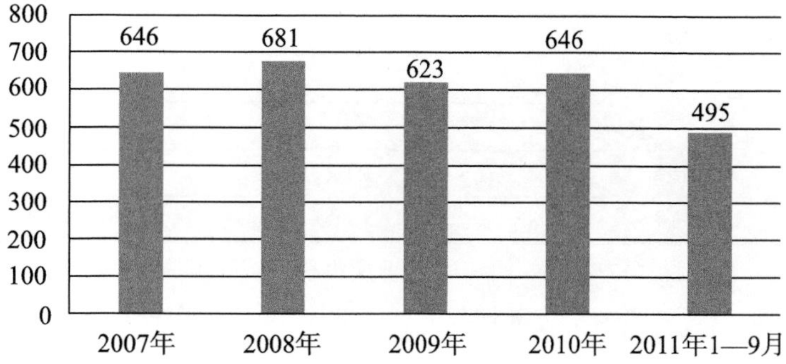

图 2-46 中国宣纸股份有限公司年产量（吨）

由图 2-46 所知，2007 年—2011 年第三季度，中国宣纸股份有限公司年产量较为稳定，但从销售额情况来看，2010 年，全年生产宣纸 634 吨，实现销售额 1.17 亿元，同比增长 17%。

3. 非生产性运营开支

（1）上缴利税

单位：万元

税种 / 年份	2008 年	2009 年	2010 年	2011 年 1—9 月
增值税（17%）	655.3	968	1148.9	1144.3
企业所得税	192.76	333.05	440.5	562.14
城建税	32.8	48.46	57.51	57.28
总 计	880.86	1349.51	1646. 91	1763.72

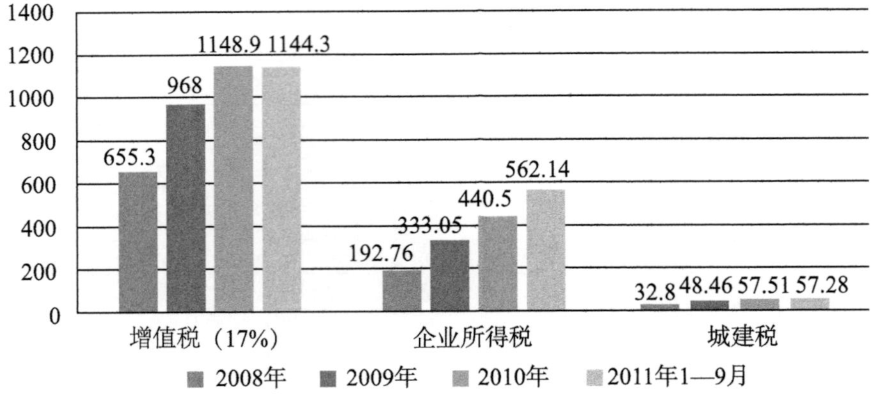

图 2-47　中国宣纸股份有限公司上缴利税情况（万元）

从中国宣纸股份有限公司上缴利税情况来看，增值税是其所缴纳利税的主要部分，2008 年至 2011 年三季度，增值税占全部税收总额均超过 65%。从企业所得税缴纳情况来看，中国宣纸股份有限公司经营情况良好，2008 年至 2011 年三季度。企业所得税呈稳步上升趋势。

（2）其他缴纳的费用开支

单位：万元

类目 / 年份	2008 年	2009 年	2010 年	2011 年 1—9 月
排污费	11. 4	11.4	13	7
水资源费	/	3	3	/

从中国宣纸股份有限公司其他缴纳的费用开支来看，排污费是其其他缴纳的费用开支的主要部分。

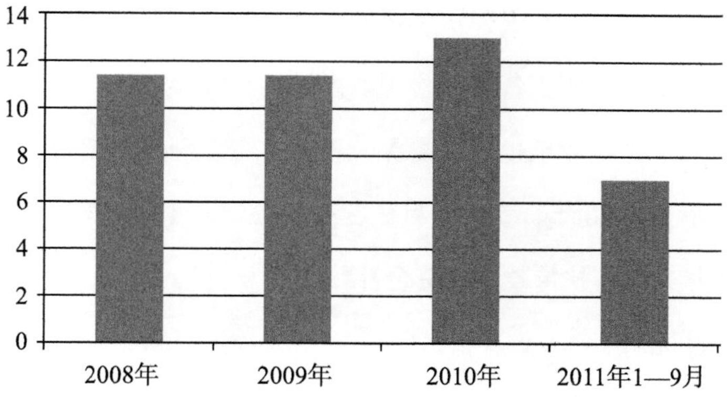

图 2-48 中国宣纸股份有限公司其他缴纳的费用开支（万元）

（3）企业承担的养老、失业等保险额度

单位：万元

年份 类目	养老	失业	医保	工伤	生育	总额
2006 年	385.4	27.04	166.47	32.51	/	611.42
2007 年	407.46	57.5	173.62	36.16	2.48	677.22
2008 年	379.32	38.84	126.73	20.08	14.9	579.87
2009 年	473.34	43.68	112.24	19.4	16	664.66
2010 年	544.02	34.19	132.71	18.92	22.9	752.74

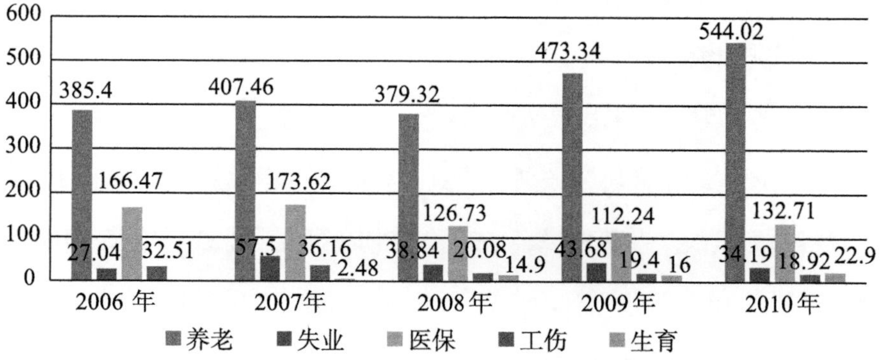

图 2-49 中国宣纸股份有限公司承担的养老、失业等保险额度（万元）

从中国宣纸股份有限公司承担的养老、失业等保险额度来看，中国宣纸股份有限公司职工各项保险项目缴纳均有涉及，福利待遇较好，其中，养老项目是企业承担的主要保险项目，占总额比重超过60%，且逐年上涨，截至2010年，养老项目额度占保险总额度的72%。

4. 历年来政府扶持政策，资金补贴

（1）2008年

古法宣纸生产技改项目，25万元，安徽省经委

千秋檀神宣纸新产品，15万元，安徽省农委

（2）2009年

日节水5000吨技改项目，400万元，国家发改委

宣纸质量数字监控系统项目，15万元，安徽省经委

宣纸燎草基地项目，25万元，安徽省农委

国家文化出口重点企业和重点项目，50万元，商务部

（3）2010年

外贸重点企业发展资金项目，25万元，安徽省商务厅

宣纸非物质文化遗产保护工程项目，100万元，文化部

5. 目前困境

（1）原料紧缺、采伐艰辛

从集团宣纸研究所常务副所长黄飞松的访谈中我们了解到，目前制作原料非常紧缺。一般来说，100斤青檀皮可以制成25斤纸浆，100斤草料可制成10斤纸浆，合起来35斤纸浆，而这35斤纸浆只能制成不到100张成品纸。由此可见宣纸制作工艺对原料的需求量是相当大的。

与伐木工在作业时可以直接将木头捆扎起来沿滚道滚下山的做法不同，剥皮工（青檀树皮）每天要爬到高山上，且只能利用简单机械，手工剥下青檀树皮，如果采用滑滚方式下山，檀皮就会受损，加之运输车辆无法驶入崎岖山林，因此只能依靠人力一捆一捆地背到山下。剥皮工辛苦劳作一天，工资也只有三十到四十元。“工厂必须提高收购价来保证原料供给。2005 年每斤青檀皮 200 元，2011 年涨到每斤 600 元，因此对上游原料的合理开发和保护是支持技艺类非物质文化遗产企业的当务之急。”

（2）生产周期长，工序多

由于宣纸制作需要经过 40 多道工序，制作周期历时一年多，横跨一二三产业，既要从农户手中收购原料，又要自己进行生产加工，还要进行企业品牌塑造和市场开拓，不能像一般大工业企业或普通造纸企业那样大规模高效率生产。纸厂工作技术含量虽不高，但劳动强度大，粉尘污染较多，每天需要持续工作 10 多个小时，即便在高温或严寒等恶劣环境下也要继续工作。

（3）税收压力较大

目前公司除缴纳营业税、环境资源税、土地税外，还需缴纳税率高达 17% 的增值税。业内皆知，企业从农户手中收购农副产品，农户普遍不具备开发票的资质，企业增值税能够抵扣的额度很小，亟须政府在税收层面给予企业税收减免优惠政策。

6. 未来发展对策

（1）员工培养方面

与市职业高中合作以来，学校开设了宣纸班，招收学生学习宣纸制作工艺，但造纸的艰辛程度超出想象，深入其中后，年轻的学生往往很难坚持下去。以第一届进厂的毕业生为例，现在只剩两名还在继续从事生产，其余的已经陆续放弃了。为引进新鲜血液，留住一线人才，目前集团考虑与在校学生签订就业合同后，通过分期付款的形式负担其学杂费。由于传统技艺属口传心授的传承模式，学校注重传授书面和理论知识，缺乏实践操作，纸上谈兵偏多，目前，集团正在试验“师傅带徒弟”的模式，对每位授徒的师傅都按带徒数量进行补助。“师傅好好教，出来的就是掌帘的大师傅，否则，只能教出抬帘的二师父。”此外，宣纸集团在厂内连续开展“宣纸技艺大师评比”活动，奖励每位获奖技师每月一百元、高级技师每月两百元，这种做法极大地激励了一线工人完善自身技艺的积极性。一位年轻的工人笑着说道：“成为大师，很有面子，就为这个我也会努力的！”

（2）员工体系维护方面

由于宣纸技艺属于集体传承性质，不像剪纸工艺那样，一个人可以代表一项技艺，宣纸制作历经上百道工序，必须多人共同合作完成，并非一两人就能完成，从更好的传承角度出发，需要给所有从业者以适当的补助。宣纸集团人事部门负责人认为：“厂里目前有 1200 名员工，800 名生产工人，其实都是传承人。现在国家级领衔传承人的个人名誉和社会地位都提高了，国家每年还给他颁发万元的奖励金，我们都倍感光荣。但希望政府能够对类似于宣纸这种共同协作完成生产的企业实行集体传承的保护办法，根据不同工种的难易程度，对一线工人同样制定相应的补贴标准，保证生产工人的积极性。”

由于工人长期在艰苦环境中工作，常发职业病，工作年限受限，宣纸集团已实施人性化管理，为工作年限达到一定年份以上的在职工人办理提前退休手续，男性可由六十岁提前至五十五岁，女性可由五十岁提前至四十五岁。对退休后依然有工作热情和能力的工人继续返聘，这样，工人不仅能够拿到退休金，还能够领到实际工资。“有了归属感，自然就能够安下心来踏实工作了。”

为留住人才，公司连续多年提高工人工资，2011 年提升幅度达到 50%。待遇提高的同时，宣纸集团重视加强企业文化建设，在公司内部宣传企业取得的成绩和各项荣誉，培养员工的主人翁意识，更在全县范围内树立宣纸集团的良好口碑，企业的社会地位提高了，员工的信任感加强了。采访中我们发现，厂里的工作气氛很活跃，生产车间条件虽然简陋，但扩音喇叭里一直播放着轻松愉悦的歌曲；食堂里人头攒动，领导和员工谈笑风生好不热闹，很多在职员工对于自己能从事一线生产，加入到保护中华民族传统技艺的行列中感到自豪和光荣。

（3）企业宣传方面

“宣纸相较于其他大众行业受众面还是很小”，为了让更多人知道这项千年流传下来的传统技艺，保护、传承和发展人类非物质文化遗产，实现从制造业向文化旅游综合企业转型发展，中国宣纸股份有限公司坚持“统一规划、分步实施”，规划建设了中国宣纸文化园（宣纸传习基地）及中国宣纸小镇项目，其中，中国宣纸文化园耗资 2.1 亿元，建设了占地 1 平方公里，主要用于技艺传承、展示、工艺博览、加工、制造，文化园是集宣纸技艺展示、文化旅游、休闲观光于一体的综合性文化旅游园区，2016年荣获“全国研学旅游示范基地”称号，创建4A景区已通过专家评审。近年来，中国宣纸文化园围绕宣纸与书画、与印刷、与手工艺、与传统文化、与大国工匠等选题，开发了近20项体验课程与项目，推动可行项目落地见效，为宣纸文化旅游加速发展奠定基础。

中国宣纸博物馆是文化园核心项目之一，建筑面积1万多平方米，于2012年建成，总投资1.1亿多元，企业和政府相关部门都参与了投资兴建，用于宣纸文化的宣传和展示，集宣纸历史、宣纸技艺、宣纸与书画艺术、历代宣纸产品展陈等为一体，是系统性综合宣纸博物馆。近年来，中国宣纸股份有限公司启动了中国宣纸小镇建设工作，以中国宣纸股份有限公司、中国宣纸文化园和宣纸博物馆为核心，占地2.36平方公里，以世界级小镇为目标，突出宣纸、非物质文化遗产特色，打造特色小镇，争创5A景区。

图2-50　建设过程中的原料产地，总投资1300万元，
其中中央财政投入达900万元

（二）黄山徽字号雕刻有限公司

1. 企业简介

黄山徽字号雕刻有限公司是一家民营企业，成立于2006年，注册资金3000万元，员工150余人。是一家徽州特色的竹木雕刻文化产品生产企业，主营业务及产品为徽州竹雕、木雕工艺品及艺术品；红木家具、竹木工艺品设计、生产及销售，以手工创意引导产业化发展，以产业化反哺传统手工艺。

公司由朱伟和朱泓兄弟两人共同投资开办，兄弟二人均为安徽省非物质文化遗产（徽州木雕）代表性传承人。弟弟朱泓15岁就开始系统学习竹木雕刻，1997年开始独立从事木雕创作，目前出任公司董事长，其个人雕刻作品《兰亭雅集图》竹雕香筒被中国国家博物馆永久收藏；哥哥朱伟2000年毕业于安徽农业大学林学专业，2012年南京林业大学EMBA硕士研究生，现任竹艺轩总经理。

图2-51 黄山徽字号雕刻有限公司外观

图 2-52　企业自建的徽雕艺术博物馆内景

2. 发展历史

（1）1995—1997 年，朱泓 15 岁从师，学习传统徽州竹雕、木雕制作技艺。

（2）1997 年，朱泓在家中成立个人工作室，招收的学徒由 2 人发展到 6 人，成立黄山竹艺轩雕刻工艺厂。

（3）1998 年，租赁 50 平方米厂房，招收学徒 15 名，主要生产徽州竹雕笔筒、对联，年产值 5 万元。

（4）2000 年，在徽州区黄山路 153 号租赁 300 平方米仓库，作为厂房，工厂人员发展到 30 人，年产值 30 万元。

（5）2004 年，在徽州区城北工业园征地 10 亩，建立 700 平方米钢构车间。

（6）2005 年，建成 700 平方米钢构车间，工厂整体搬迁入新厂。

（7）2006 年 9 月，成立黄山徽州竹艺轩有限公司，年产值 200 万元，新征用地 20 亩。

（8）2011 年，成立黄山徽字号雕刻文化有限公司，发展成为拥有现代化生产车间 12000 平方米，员工 150 余人，各类生产设备 150 余台的现代化、专业化、规模化文化产品生产企业。年产各类竹、木雕刻文化产品 20 万件，年产值 3600 余万元，利税 600 余万元。经过 10 余年的发展，产品由单一到多元，现已发展成为集室内装饰、商务礼品、旅游纪念、文化包装饰品为一体的专业化生产企业。在全国各级大中城市发展 800 多家经销商，产品出口到美国、韩国、日本、东南亚等国家和地区。公司被评为国家文化出口重点企业、安徽省文化产业示范基地、全国工业旅游示范点；朱泓被评为安徽省非物质文化遗产传承人。公司将文化、旅游、科技紧密结合，形成集雕刻文化展览（建立世界雕刻雕塑文化博物馆）、现代雕刻科技实验、徽州雕刻手工技艺展示、雕刻文化研究、朱氏家族文化研究、精雕艺术品生产、徽派古建筑雕饰艺术创作、文化产品包装、雕刻雕塑文化创意爱好者俱乐部、文化交流为一体的综合性企业。

（9）2019 年，连续 10 年被评为“国家文化出口重点企业”、竹刻工艺品出口项目被评为国家文化出口重点项目。相继荣获“国家级非物质文化遗产生产性保护示范基地”“全国工业旅游示范点”“安徽省文化产业示范基地”“安徽省民营文化企业 100 强”“安徽省林业产业化龙头企业”“安徽省农业产业化龙头企业”“安徽省非物质文化遗产传习基地”“安徽省著名商标”“安徽省名牌产品”等荣誉。

3. 生产运营情况

（1）规模：公司占地面积 30 亩，员工 150 余名。

（2）生产原料以毛竹和红木为主，毛竹主要来源于黄山周边地区的毛竹林，红木主要从东南亚国家进口。

（3）生产工艺和流程简介

主要产品竹简——采用手工雕刻结合现代机器制作，先将书画作品在电脑中勾画出线描图，在激光雕刻机中输入线描图，激光雕刻机在竹材上雕刻形成线条图案，再在有线条图案的竹木材上进行手工雕刻，除去线描图案以外的竹料表面。

（4）主要产品用途及销售渠道

经销商、网点加盟和自营。主要覆盖高档礼品市场（商务礼品、政务礼品、会议礼品）、旅游纪念品市场、家居装饰市场、收藏市场、文化产品外包装市场。在全国各大中城市开设品牌专营店 16 家，拥有零售网点 800 余家，产品出口美国、韩国、日本、东南亚等多个国家和地区。

序号	企业名称	负责人	地区
1	徽字号 黄山徽字号雕刻文化有限公司南京南站分公司	程佳佳 5	江苏省南京市雨花台区
2	徽字号 黄山徽字号雕刻文化有限公司徐州东站店	程佳佳 5	江苏省徐州市徐州经济技术开发区
3	徽字号 黄山徽字号雕刻文化有限公司新桥机场专卖店	程佳佳 5	安徽省合肥市蜀山区
4	徽字号 黄山徽字号雕刻文化有限公司合肥分公司	程佳佳 5	安徽省合肥市蜀山区
5	徽字号 黄山徽字号雕刻文化有限公司合肥南站专卖店	程佳佳 5	安徽省合肥市包河区
6	徽字号 黄山徽字号雕刻文化有限公司高铁北站专卖店	朱伟 6	安徽省黄山市徽州区

图 2-53　黄山徽字号雕刻文化有限公司分支机构[①]

① 信息来源于企查查网站，https://www.qcc.com/firm/21505f6842174bdf43fd197270fd545c.html

（5）年产量

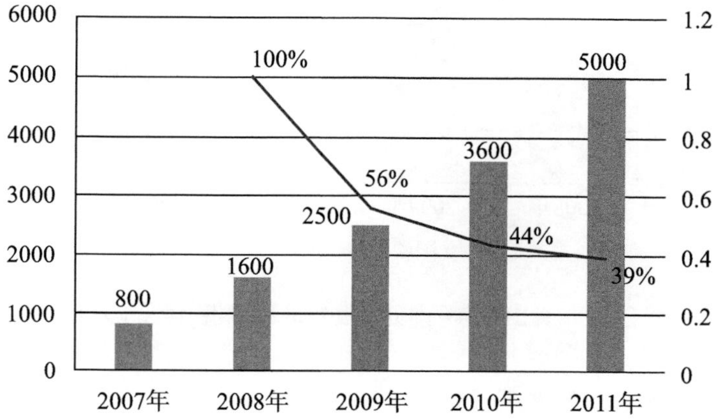

图 2-54　黄山徽字号雕刻有限公司年销售额（万元）

由上图所知，2007—2011 年，黄山徽字号雕刻有限公司自 2006 年成立以来，发展迅速，但从销售额情况来看，2011 年，全年销售额达 5000 万元，2008—2011 年，销售额保持较大幅度上涨，年度增幅均超过 30%，近年来，黄山徽字号雕刻有限公司年生产各类竹木雕刻艺术品、工艺品已达 20 余万件。

4. 非生产性运营开支

（1）上缴利税

由下图可知，2008—2011 年，国税是黄山徽字号雕刻有限公司主要税费支出，且受店铺收入连年增长的影响，黄山徽字号雕刻有限公司税费缴纳的额度呈现逐年递增的趋势。

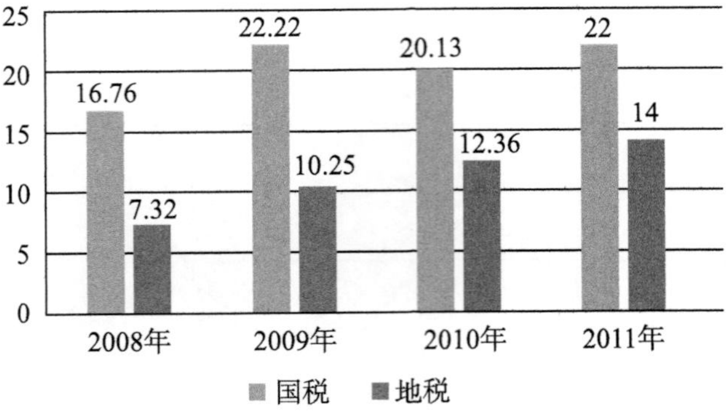

图 2-55　黄山徽字号雕刻有限公司上缴利税情况（万元）

（2）其他缴纳的费用开支

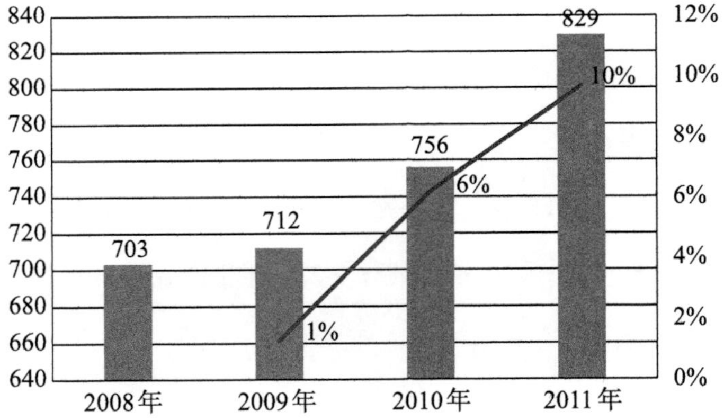

图 2-56　黄山徽字号雕刻有限公司其他缴纳费用开支情况（万元）

5. 历年来政府扶持政策，资金补贴

（1）文化企业进入工业园，政府给予土地指标优惠；

（2）2007 年，黄山市商务局给予中小企业开拓资金 3 万元；

（3）2008 年，获得经信委中小企业技术改造资金补助 10 万元；

（4）获评 2009—2010 年度国家文化出口重点企业和项目，获得 25 万元资金补贴；

（5）安徽省及黄山市政府，多次采购徽州竹雕工艺品作为政务礼品和外事礼品；

（6）2011 年被评为安徽省文化产业示范基地；

（7）入选 2021—2022 年度国家文化出口重点企业公示名单；

6. 对政府有哪些期待和要求，需要提供哪些帮助和扶持

（1）政策：出台强有力的扶持政策鼓励文化产业发展；

（2）资金：对非物质文化遗产文化企业项目予以资金支持；

（3）交流：建议主管部门组织更多的国内国际性文化交流活动；

（4）贷款：目前融资渠道狭窄，企业抵押物有限，最好能提供政府担保信用贷款，出台针对生产性非物质文化遗产企业的优惠贷款政策，搭建融资平台；

（5）针对学徒较少的状况，希望政府能够对文化艺术专业人才培养给予支持；

（6）建议各级政府采购当地的非遗产品作为政务礼品；

（7）对从事产业生产的人员，统一进行培训指导，提高文化素质和道德修养。

调研中我们看到，厂房里，一边是 50 多位师傅负责个性化高端产品生产，从前期设计到打样，再到后期雕刻，都是纯手工制作；另一边则是百余名工人忙碌在电脑控制的流水线上，批量生产价位相对低廉的装饰品和旅游纪念品。在一年 3000 万元左右的销售额中，两者分别占到三成和七成。朱泓介绍说，手工雕刻的艺术品每一件都不相同，有的作品一件就需要耗费数年时间，虽然售价不菲但产量比较低；机械化批量生产带来的收益则弥补了高端产品产量小的缺失，为传承人的培养和手工生产奠定了物质基础和经济保障。

图 2-57　批量化生产线：人工打磨、描绘
和竹雕激光雕刻机结合，进行竹简工艺品批量化生产

图 2-58　高端生产线：精工细作的师傅进行全手工高端竹雕工艺品制作

7. 公司未来发展思路

立足传统徽雕，探索品牌化创新发展路径，进一部明确市场定位，建立健全产品类型等产品结构环节和交易、运输等产品营销环节，加快产业技术生产环节的创新。

在产品结构和目标市场细分方面，对于旗下竹艺轩和徽字号两大品牌进行市场分析，徽字号聚焦于高端市场，主打徽雕精品系列，而竹艺轩聚焦于中低端市场，主打大众产品，引入现代化的电脑和信息技术处理手段，运用数字化的手段实现生产线自动化生产，推动生产效率的提升，未来产品类型将进一步丰富，覆盖茶器、香器、花器、文房文玩、家具、艺术品等产品大类，工艺涉及徽州三雕和徽州竹雕四大传统工艺领域。

产品营销环节，进一步丰富线上销售渠道，在阿里巴巴国内国际站、天猫商城、淘宝商城、亚马逊等第三方平台铺设品牌专营店，同时，利用线上销售渠道的平台效应，更好地提供多样化的服务；建立了微信公众平台和微店商城，通过发布优质内容来获得关注，更快、更便捷地将产品展示给客户。

产品技术创新环节，取得发明、实用新型及外观专利三十余项。其中发明专利两项，2010年主持完成的徽州竹雕产业化关键技术集成与应用项目被安徽省科学技术厅鉴定为国内首创，开辟了竹木雕刻工艺品产业化的新途径，取得了较好的社会效益和经济效益，未来仍将致力于产品技术研究，加快企业转型。

第三章　问题分析

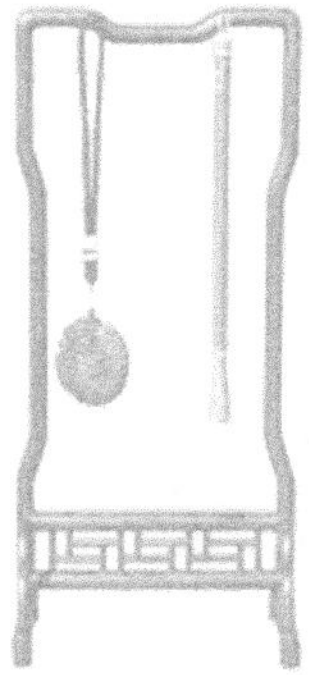

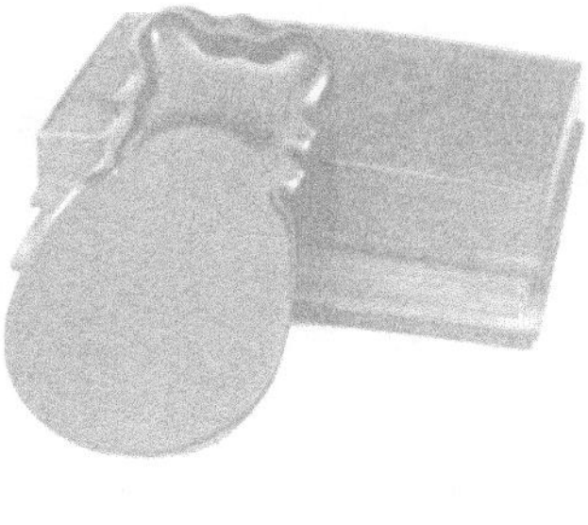

第一节　政府管理方面

目前，非物质文化遗产保护工作虽有各项法律法规及相关政策、文件保驾护航，但仍旧存在实际工作中普查不彻底、机构设置不合理、人员配置参差不齐等情况。尤其在财政支持方面，不论是中央级还是地方级财政扶持，从初期的申报核查、中期的批准拨付再到后期的监督管理，皆存在衡量标准不一、审计核算缺乏科学理性支撑的问题。常常仅依据一般性体制保障政策和财政支出惯性进行参照式财政补贴和政策倾斜，导致需求和供给的、传统和现代的差异，往往是政策和资金已层层下达，却未实现预期的保护效果。

行政管理体制方面，存在多头管理、标准不一、效率较低的问题。文旅、财政、工商、税务部门之间的协调机制暂未实现无缝对接，扶持资金、监管措施的政出多门和叠加运行导致无法以统一标准进行有效引导。财政政策方面，专项资金主要向国家级名录或重大项目倾斜，省市级和中小型非物质文化遗产项目获得的资金支持较小。此外，项目申请手续繁杂、审批层级多、周期较长，使得一些还未进入保护名录，甚至在普查阶段就被遗漏的非物质文化遗产项目得不到应有的保护，还会使一些即使是名录内的非物质文化遗产项目由于审批时间过长而延滞最佳保护期。各级地方文化主管部门设立的非物质文化遗产机构里专职从事非物质文化遗产保护、研究的工作人员较为缺乏，挖掘、普查、记录、保护、传承、组织生产等专业工作不能科学高效开展。

此外，非物质文化遗产整体状况仍不甚明晰，行政主管部门对非物质文化遗产种类、数量和现存状况的调查和了解还未完成，对项目的立项、申报、审核、实施以及验收备案缺乏全面系统的指导。同时，由于非物质文化遗产保护工作的标准和管理目标尚未统一，调查、收集、整理、记录、建档、展示、利用、人员培训等工作得不到高效完整的开展。某些已被批准的国家级或省市县级文化遗产项目存在“重申请，轻保护”的问题。并且，行政主管部门未针对这些问题配套开展后期监管，部分传统手工艺类项目传承人或传承主体单位以申遗成功为目标，后续传承工作没有相应跟上，既未将宝贵的手工技艺转化为实际生产，也没有开展传徒授课，致使传承保护工作发展较慢。

以本次调研工作所聚焦的安徽省为例，截至 2021 年，安徽省拥有世界非物质文化遗产 3 项，国家级 88 项，省级 479 项，市、县级 5600 余项；拥有国家级非遗传承人 119 名，省级 792 名，市、县级 7100 余人；国家级非遗生产性保护基地 3 个，省级非遗传承基地（所）87 个，省级非遗教育传习基地 30 个，非物质文化遗产名录数量在全国平均数量中处上中水平。其中，宣纸制作技艺、传统木结构营造技艺两项入选联合国教科文组织命名的人类非物质文化遗产。针对各级非物质文化遗产名录，安徽省根据其不同类别和特点，采取了一系列方式开展非物质文化遗产保护传承工作，不仅有效落实并承接了国家非物质文化遗产保护的政令举措，也构建起省级非物质文化遗产保护机制，从政策法规、人员配备和资金支持等方面对非物质文化遗产发展给予保障。但是，成绩的背后也隐藏着以下问题。

一、相关政策法规体系保障不健全

2021 年 11 月，为健全非物质文化遗产保护传承体系，增强非物质文化遗产存续活力和实践能力，加强省级非物质文化遗产代表性传承人的评估管理，提升省级非物质文化遗产代表性传承人队伍整体水平，根据《中华人民共和国非物质文化遗产法》《安徽省非物质文化遗产条例》《国家级非物质文化遗产代表性传承人认定与管理办法》等法律法规，安徽省文化和旅游厅制定了《安徽省省级非物质文化遗产代表性传承人认定与管理办法》（皖文旅发〔2021〕67 号），原安徽省文化厅发布的《安徽省省级非物质文化遗产项目代表性传承人认定与管理暂行办法》（皖文〔2008〕14 号）同时废止。该办法明确了省级非物质文化遗产代表性传承人的认定条件、认定程序、权利义务、评估管理等内容。与 2008 年出台的《安徽省省级非物质文化遗产代表性传承人认定与管理办法》相比，具有如下四个方面的不同。

一是将近年来省级非物质文化遗产代表性传承人管理等工作中形成的理念成果和行之有效的经验，予以固定和规范；二是细化省级非遗代表性传承人的认定条件和认定程序，完善评审过程和环节；三是明确了省级非遗代表性传承人的权利和义务，以及开展传承、传播等活动应当遵循的行为规范；四是加强评估管理，建立健全省级非遗代表性传承人考核和退出机制。

但是，纵观新老《办法》，执行过程中也逐步显现出些许不足：

由于《办法》覆盖面具有一定局限性，对传承人和地方行政主管部门的权责认定并不全面，同时，“非强制性”的实施使得法令缺乏制度刚性，在实际操作过程中不乏曲解和规避现象。例如老《办法》第十二条：“对无经济收入来源、生活确有困难的省级非物质文化遗产项目代表性传承人，所在地文化行政部门应积极创造条件，并鼓励社会组织和个人进行资助，保障其基本生活需求”①，目前仅停留在呼吁阶段，并未在实质上规定应采取哪些有效措施来对“确有困难的”非物质文化遗产传承人进行支持，同时如何界定“生活确有困难的省级非物质文化遗产项目代表性传承人”，标准尚未界定。

二、专业化行政管理人员配备不到位

2009年7月，经安徽省编委会审核、省政府批准，安徽省文化厅设立非物质文化遗产处；2011年5月，单独设立安徽省非物质文化遗产保护中心，其性质为财政全额拨款正处级事业单位；各市文化局均挂牌成

① 《安徽省省级非物质文化遗产项目代表性传承人认定与管理暂行办法》，2009年1月6日。

立市级非物质文化遗产保护中心。全省文化系统非物质文化遗产工作人员达 800 余人，非物质文化遗产保护队伍不断壮大，成为省非物质文化遗产保护工作的中坚力量。

通过走访我们了解到，很多市县级非遗行政保护机构尚未真正建立，或建立后人员配置并不齐备，保护机制尚未健全，许多地方没有专职工作人员，保护工作队伍存在数量不足、质量不高、流动性大、专业基础薄弱等问题，整体工作能力还无法适应当下非物质文化遗产保护工作的紧迫性和必要性，保护工作的科学化、法制化和标准化水平有待提高，仍需锻造一支对非物质文化遗产工作充满热情，并具有专业知识背景，愿扎根、肯钻研、敢创新的队伍。以 2011 年安徽省非物质文化遗产保护中心和黄山市文化委员会为例，非物质文化遗产中心编制定额为十五名，仅有四名正式在编的工作人员，既要负责非物质文化遗产项目申报，又要指导下级机构开展普查、评审等工作，配合其开展相关工作；黄山市文化委员会非物质文化遗产科仅有两名在职员工，负责维护辖区内 65 项非物质文化遗产项目（其中国家级 16 项，省级 49 项），这两位工作人员不仅要例行本级单位日常行政事宜、负责建立传承人档案、统一收集整理申报材料，还要对接各级参观考察、政策调研人员，工作繁重。

三、行政运行及监管体制构建不完善

在我国垂直式行政管理体制下，探究政府在保护非物质文化遗产发展中的有效作为，必须考虑如何处理中央政府和地方政府之间相互配合的问题。在政策下达和执行的过程中，中央政府作为委托人，将政策层层下达至地方职能部门，此时作为代理人的地方政府通常有两种处理方式：其一，严格遵从上级政令，迅速组织力量有效落实；其二，对政令抱有迟疑，遵从的同时并未具体落实。造成第二种情况的主要原因是，中央和地方二者之间存在的信息不对称，中央政府有时并不能全盘研判各地非物质文化遗产保护事业发展的现状，而地方政府有时也难免不够全面地领会中央文件精神，或执行确有困难，导致无法真正落实。因此，为避免由信息不对称所造成的政策错位，防止宝贵的扶持资金和资源的流失，必须建立广泛的沟通机制，在中央和地方政府之间建立有效信息链接，确保政令的科学合理制定和及时有效传达。

一方面，由于传承人的评定及取缔系统尚未健全，传承过程中不乏“重申报，轻保护”的情况，一些传承人在申遗成功后便满足于现状，故步自封，没有认真履行研习技艺、培养接班人的责任。加之非物质文化遗产保护领域内部缺乏科学的评价体系，对传承人和传承单位的工作评价尚未建立统一标准，难以明确功过得失，因此目前政府正在实行的关于非物质文化遗产保护工作的奖惩管理办法仍倾向于行政执行。另一方面，非物质文化遗产保护工作没有在一个有效的行政监管体制内运行。具体表现在：一是非物质文化遗产保护机构行政人员权责尚未明确，管理职责边界不清，交错面大。二是对上级下达的行政指令落实缓慢，对下级汇报的材料审批程序复杂，导致保护工作的质量和效率较低；三是在地方政府和中央政府的博弈行为过程中，处境较为困难的地方政府往往能够获得中央更多的政策倾斜及财政扶持，而积极发展濒危非物质文化遗产项目、改善发展环境的地方反而失去了应有的关注。因此，在未来保护资源投向不明确和监管乏力的情况下，许多地方政府倾向于浅尝辄止，维持现状，缓慢推进。

第二节　企业运营方面

现代社会的急遽发展使得人们的生活节奏加快，各类快消品、“网红”商品层出不穷，传统手工技艺类产品因市场需求增幅较慢、覆盖面较窄，导致生产规模较小甚至萎缩。此外，由于其天然自带的产品生产周期长、制作工序多、原料收购难等问题，在面对大规模工业化生产的速度快、产量高、成本低等竞争压力时，大部分以小作坊和家庭（家族）型模式存在的非物质文化遗产企业面临日渐式微的境遇。

从企业自身的角度审视，主要面临以下困难。

一、税收负担仍存

调查中我们了解到，两家小型生产单位——吴鲁衡罗经老店和杨文笔庄，每年缴纳税一万至两万元；中型规模企业——歙县老胡开文墨业有限公司和黄山市屯溪胡开文墨厂 2010 年平均缴税额 39 万元；大型企业——中国宣纸集团2010年利税则超过1100万元。除两家小型个体私营企业外，另四家生产性非物质文化遗产单位除缴纳营业税、企业所得税外，还需缴纳税率17%的增值税。

非物质文化遗产行业经营者普遍反映17%的增值税税率过高。因为手工技艺类非物质文化遗产制造企业大多属于农产品加工和劳动密集型生产模式，生产原料为农副产品，原料收购过程一般是由企业通过农户收购，一些前期原料初级加工程序也是外包给零散农户操作完成，问题的关键在于，零散农户没有开具收据或发票的条件，因此生产性非物质文化遗产企业缴纳的增值税很少能通过抵扣项来进行减免，企业实际上是代农民缴纳了农副产品的税收。

以宣纸集团为例，现行的税收政策在增值税率方面，没有考虑宣纸"手工制作"的特性，将宣纸行业与现代大规模机械造纸行业一视同仁。一方面，宣纸行业的原材料均为农副产品，仅能抵扣13%的税额，这与17%的增值税之间构成极差，加重了企业的生存负担；另一方面，宣纸属于劳动密集型产品，工人工资在企业生产成本中所占的比例比机器化生产企业要高得多，大量的人员工资支出开销无法通过税费进行抵扣。

由此看来，制定税收政策时，对传统手工艺类企业采取与工业生产企业和文化创意产业一般纳税人同样的标准，不论是征收的税种或税率方面，都是同等待遇，并未针对性地采取某些优惠，没有体现对非物质文化遗产的保护倾斜。在面临各方物价上涨，边际原材料、劳动力、土地等生产要素的使用成本不断上升的情势下，如果国家没有在税收层面上给予支持，企业的生存压力只会越来越大。因此，对非物质文化遗产生产单位，不能按照一般工业企业纳税人标准执行，关于增值税一项尤其要酌情减免。

二、融资难度较大

传统技艺类非物质文化遗产项目生产规模一般都较小，此外由于受到原料稀缺、生产周期长、技术人员偏少等因素的制约，年均产量和产值都不高，导致难以利用固定资产、销售额或净利润等进行银行抵押贷款，企业融资普遍存在困难。例如，从事徽笔生产的杨文，虽然自身是高级工艺美术师，但在黄山市仅有一套门面，以家庭作坊的形式开展小规模生产和销售，无论是生产规模还是固定资产都难以达到银行放贷标准，因此很难通过银行贷款渠道实现技艺传承或扩大生产规模的需要。广义上来说，对于中国人民银行而言，中小型非物质文化遗产企业的市场信息是分散的、非规范性的，而对于商业银行而言，在收益给定的前提下，即使没有信贷歧视，既无意也无力承担过高的交易风险。在市场经济条件下，中小规模非物质文化遗产企业经营中存在的风险性高和突发事件多的现实状况与银行放贷的谨慎和安全原则存在冲突。

三、建设资金短缺

调查中不难发现，几乎每家非物质文化遗产生产单位都致力于建设传习所或博物馆，供观众免费参观。

黄山市屯溪胡开文墨厂藏有五百多方唐宋元明清的砚台和一万余副历代制墨名家创作雕刻的珍贵徽墨。为了实现多功能、全方位展示胡开文徽墨和歙砚的传统制作技艺，2011 年，现任总经理汪培坤自筹资金 160 万元建立了一座“胡开文徽墨博物馆”。

万安吴鲁衡罗经老店第八代传承人吴兆光于 2011 年动工修建“中国罗盘博物馆”，项目总投资 200 万元。建设资金基本为银行贷款和亲友所借，每年仅偿还银行贷款利息一项就达 20 万元，还款压力直到 2016 年随着销售金额的提升才有缓解。

从事徽笔生产制作的杨文笔庄在黄山市屯溪老街有一家 70 余平方米门面，用于产品陈列、销售，同时作为产品后期组装加工基地，门面为按揭贷款购买，一个月还款 3000 余元。目前笔庄采用家庭作坊式生产，由 12 位家庭成员各自负责不同的制作工序在家里进行流水线作业。杨文坦言，他的困难在于一旦招用新人，便面临提供食宿的问题，而现在的生产状况根本无法满足需求。因此若仅凭自身力量，想要扩大产量是不现实的，亟须政府统一开辟非物质文化遗产生产园地，作为传习基地和销售场所。

位于安徽省泾县的中国宣纸博物馆建成于 2016 年，建筑面积 8400 平方米，是中国宣纸文化园暨宣纸传习基地，包括宣纸博物馆、宣纸技艺展示与体验区、宣纸原料观赏与加工区、书画家创作中心四部分，系全国首个综合宣纸博物馆。

黄山徽字号雕刻有限公司自主建立的徽字号徽雕艺术博物馆，位于黄山市高新区徽文化产业园，建筑面积9170平方米，是一座以徽雕文化为主题的博物馆，馆内建有“徽州四雕”文化博物馆、传统文化教育书院、研学体验大厅、竹木雕刻大师工作室等研学场所和传习基地。

上述博物馆均为民营，且免费对外开放。对于传承人来说，即便面临巨大的资金压力也要自建博物馆的原因，一方面是由于传承人本身受家族文化世代相传的“文化自觉”的传承使命所驱，另一方面，博物馆的建立不仅能向观众宣传和展示企业的历史和文化，彰显其荣誉和奖项，佐证企业“正牌”的传承身份和经营实力，使得传承脉络有迹可循，更有益于企业在行业内打造品牌，树立行业领军身份，提升知名度和美誉度。传承人认为，虽然自建博物馆有实现自己企业经济利益和社会效益的初衷与考量，但也丰富了当地文化资源，促进了当地旅游行业的发展，为地方城市的文化属性增添了厚度，因此，企业盼望得到政府在博物馆建设和运转方面的专项资金。

四、市场信息不畅

由于非物质文化遗产企业大多分布在城市边缘或山野村落，这种分散性使得部分非物质文化遗产企业无法准确把握现实市场动向和消费者需求，只能在市场竞争的夹缝中生存。出现这种状况的原因，一方面在于非物质文化遗产传承人的年龄大多为四十岁以上，缺乏现代营销思想和方式，对市场信息的获取渠道不畅，有的传承人一味坚守传统，对现代化的生产经营模式较为排斥；另一方面由于一些非遗产品实用性、审美性不强，无法适应市场竞争环境，主动退出市场，这种消极的传承态度不仅不利于提高非物质文化遗产产品的经济价值，也不利于传统技艺的传承和保护，如此往复形成的恶性循环将导致传统手工艺类非物质文化遗产项目逐渐淡出公众视线，失去其活态传承性，最终只能进入展馆之中。

五、行业监管缺失

非物质文化遗产资源一旦投入生产便步入了市场经济运行轨道，但由于当前非物质文化遗产市场监管较为乏力，产品和品牌认证、版权意识、保护体系尚未完善，某些经营者仅注重眼前利益，在经营活动中以次充好、以劣充优，造成了当前非物质文化遗产市场较为混乱的局面。例如，安徽省境内一些工业造纸企业打着“宣纸”的旗号从事书画纸生产，实则从原料采集到生产工艺都与传统宣纸大相径庭，使得大量赝品和劣质“宣纸”充斥市场，普通消费者难辨真伪，对整个宣纸行业的形象造成消极影响；传统徽墨也难逃此劫，各种赝品“胡开文徽墨”和劣质徽墨以低价进行市场倾销，给徽州胡开文墨业造成了极大的冲击；徽笔制造业也面临相似境遇，由于利益的驱使，国内多处出现机械制作毛笔半成品或人工制造毛笔生产原料的现象，假冒徽笔冲击市场，质劣价低，严重影响传统手工制笔行业，损害了正宗徽笔的声誉。与此同时，生产性非物质文化遗产企业普遍存在规模较小、力量薄弱、厂家分散、微利经营的弱点，知识产权保护意识淡薄，行业协会和质量认证体系的监管缺失，导致其市场竞争力和抗风险能力匮乏。

目前非物质文化遗产行业内部尚未建立能够帮助中小规模企业收集分析市场信息、申报政府部门项目的行业协会，各生产单位仍处于孤军奋战状态，行业内彼此间缺乏技术和人员上的协调沟通，不能形成合力打造行业品牌在激烈的市场竞争中参与角逐。

行业协会的缺失，无法维护传承人和传承企业的合法权益。由于经济利益的驱动，行业内假冒伪劣现象屡禁不止，某些不具备非物质文化遗产传承资质，甚至没有生产能力的商家抱着单纯逐利心理，以低价为噱头以次充好，扰乱行业秩序，造成“劣币驱逐良币”的市场混乱，使得真正有价值的产品失去了竞争优势，在市场不良竞争的环境中艰难求生。由此产生的恶劣影响犹如信息经济学理论中的“旧车市场”模型一样，“好车”终究会不敌“坏车”的价格优势，从而逐渐退出市场，长此以往形成的恶性循环使得消费者只能买到越来越差的产品。例如，长久以来，人们普遍把“书画纸”与“宣纸”画上等号，认为所有的书法和中国画所用的纸都为“宣纸”，而实际上，“宣纸”仅是安徽省宣城市泾县特有的一种书画纸，它的独特肌理与当地的地理位置、气候条件、植被都有莫大的关系，正是“天时地利人和”的共同协作才能保留传世千年的古法宣纸制作技艺。然而时至今日，由于大众的误解和某些不法商人的不当宣传，使得很多并非使用檀皮、燎草为原料的劣质书画纸进入宣纸市场，以虚假广告鱼目混珠，正品宣纸反而由于消费者的质疑走向了市场末端。

第三节　人员培养方面

“非物质文化遗产是以活态形式传承的文化遗产，主要依靠传承人口传心授而世代相传。因此，保护传承人是非物质文化遗产保护工作中的核心。”① 自2008年开始，中央财政开始对国家级代表性传承人开展传习活动予以补助，补助标准为每人每年0.8万元，2011年补助标准提高至1万元，2016年开始，国家级非物质文化遗产代表性传承人补助标准提高至每人每年2万元。值得注意的是，这项补助主要用于国家级代表性传承人开展传习活动，而非生活补助。《非物质文化遗产法》制定了鼓励代表性传承人开展传承和传播活动的具体法规措施，包括帮助建立必要的传习场所，提供必要的经费开展授徒、传艺、交流等活动，支持其参与社会公益性活动，以及支持其开展传承传播活动的其他措施等。②

各地对传承人保护重要性的认识不断提高，根据本地实际情况建立起多样化的保护机制，如帮助传承人记录和整理资料、改善工作和生活环境、提供资金扶持，统一组织当地非物质文化遗产保护个人和单位开展技艺传承、产品营销、参展办展等。逐渐形成了国家、省、地（市）

① 王文章主编：《非物质文化遗产概论》，文化艺术出版社2010年版。

②《非物质文化遗产保护的重要里程碑——文化部副部长王文章谈“非遗”法出台》，新华网，2011年2月25日。

和县级四级非物质文化遗产项目代表性传承人命名机制。[①]

虽然通过各方努力，非物质文化遗产保护工作已受到社会的广泛关注，一系列的政策保障措施也相继出台，但非物质文化遗产传承人保护体系依然面临诸多挑战，有些非物质文化遗产项目面临“人亡艺绝”的困境，传承后继乏人。究其原因，主要有以下三方面。

一、生产技工断层严重

传统非物质文化遗产项目，尤其是手工技艺类项目的生产者平均年龄为四十五岁左右，行业内普遍缺乏从事一线生产的年轻技工。出现这种状况的原因在于，一方面，传统技艺的学习必须通过师傅带徒弟的方式手把手地进行技艺传承，仅通过学习教材或观看视频是行不通的，加之学艺过程艰苦，学徒期间工资待遇极低，无法满足当下年轻人就业的外在和内在需求。因此，很多年轻人不愿进入传统手工艺生产行业。另一方面，不少老艺人顾忌未来萧条的市场形势，担心子女受苦受累，因此宁愿鼓励子女读书深造，也不愿让他们继承家业从事生产，即使有年轻人愿意入行学徒，也有可能在学艺过程中难以承受艰苦和压力，半途放弃者甚多，技艺传承的成功率较低。

此外，一方面，传统手工作业生产技术难度大，习艺周期长，需要通过长期训练才能掌握技艺的窍门，例如，文房四宝制作工艺还需辅以

① 祁庆富:《论非物质文化遗产保护中的传承及传承人》,《西北民族研究》2006年第3期。

其他相关的知识和基本功，如书法、绘画、美术的功底，因此，一名成熟工匠的培养需要大量的财力、物力和时间；另一方面，传统制作技艺的从业人员，工作环境艰苦、收入微薄，加上随着城市化进程的推进，年轻人大多选择了进城工作而不愿留在家乡学习传统工艺。另外，重申报、轻保护，重数量、轻质量，重开发、轻管理；教育资源与文化遗产的传承保护脱节，大中院校课程设置中与非物质文化遗产相关的学科缺乏，不能为保护文化遗产培养所需人才。[①] 截止到 2014 年底，安徽省在 21 项国家级可生产性保护非遗项目中，竹编（舒席）、柳编、芜湖铁画锻制技艺、宣笔制作技艺、绿茶（六安瓜片）、徽派传统民居营造技艺等 9 项均无 70 后、80 后和 90 后代表性传承人，只有阜阳剪纸、徽州三雕、界首彩陶烧制技艺、徽墨制作技艺这 4 个项目各产生 1 位 90 后代表性传承人。由此可见，相当一部分非物质文化遗产大师年事已高，技艺传承后继乏人的局面堪忧。

二、行业内收入普遍较低

手工艺人不论是受聘于公司还是独立从事生产，平均收入普遍较低。

例如，从事徽笔制作销售的杨文笔庄，采取的是家族式协同生产的模式，由十二位家庭成员分工协作，各自完成不同的工序，再通过屯溪老街的店面进行批发零售，这种小规模私营企业缴纳的税费虽不高，但

① 谢岩福：《我国非物质文化遗产的法律保护》，《经济与社会发展》2008 年第 10 期。

除去偿还门面按揭贷款和制作成本外，每人月均收入仅为2000元左右。

歙县墨厂工人的每月工资根据其从事的工种难易程度和技术含量决定，一般员工收入为800元到4000元不等。工资的发放采取计件制，收入最高者为雕刻墨模的师傅，他掌握着创新制式、绘制图样、打磨成型的徽墨生产核心技术，是徽墨工艺中的主导者；取得中等收入的是加工车间和描金车间的工人，每月平均收入为2000元；收入最低的是包装车间的女工，这个工种的重复性较大，只需熟练操作即可，因此工资最低，月均1000元左右。①

三、缺乏长期保障体制，人员流动频繁

以中国宣纸集团为例：一方面，目前集团技术工人年龄一般为35~40岁之间，青年技工培养体系未能与目前的人员进出机制实现平衡，工人结构青黄不接，同时，工人（尤其是青年职工）难以接受艰苦的工作环境而主动放弃从事一线生产的情况也相当普遍；另一方面，造纸业的其他同行和社会其他机构不断以高薪聘请高级技师，“请角儿”现象时有发生，一线生产工人流失情况相当严峻。技术骨干的外流给企业造成很大压力，即使有大宗订单，或有投资基金试图入股增产扩容，企业也会因生产工人短缺无法有信心和实力去应承有关项目。

① 以上均为2011年实时数据。

第四节　原材料供应方面

目前，生产性非物质文化遗产企业普遍面临原材料缺乏的问题。以调研中提及的安徽省笔墨纸砚文房四宝制作为例：歙县，古已有之的砚坑，如大谷运、周家村、老竹铺等地，面临资源枯竭的窘境，石料供应短缺；徽墨，由于国家对天然麝香、熊胆采集的严格控制，加上制造墨印的石楠树砍伐日益加重，农民土地承包后，各家各户桐子树种植数量锐减，给徽墨的原材料采购带来了困难；徽笔，特种原料来源如山兔毛、石獾毛等因珍惜动物数量少、人为猎杀和偷杀现象难以禁止，导致毛价贵如金，徽笔制管的特种原料（多为斑竹、苦竹）如今已经很难收购，制约了徽笔的生产和发展。

究其原因，生产性非物质文化遗产行业在制作过程中所用原料多为农副产品，其中还有相当一部分（如歙砚所用的矿石、宜兴紫砂壶所用的珍贵泥料等）属不可再生资源，资源获取难度可想而知。其次，若要打造工艺精品则必须使用非人工繁殖的天然原料，但某些原材料的采集违背了《野生动植物保护法》《环境保护法》等相关法律条例。如万安罗盘生产所使用的银杏树，属国家一级重点保护植物；徽笔制作中笔毛部分涉及的野山马属国家一级保护动物。生产者迫于传承所需和经济压力，有时不得不在原料的选择上进行相近替换，导致产品传真谱系失序，与原产品的性状存在一定的差异。

此外，原料成本价格上涨也成为企业生存压力剧增的重要原因。以中国宣纸集团为例，其在生产过程中最常用的原材料——天然檀树皮和燎草，这种天然原料的肌理和特性是人工种植无法比拟的，统计数据显示，100 斤青檀皮可制成 25 斤纸浆；100 斤燎草可制成 10 斤纸浆，两种原料总共可产出纸浆 35 斤，这 35 斤纸浆只能产出 100 张成品纸。因此，制纸行业对原料的需求量是非常大的，生长周期长、存量少的檀树便显得弥足珍贵。此外，由于泾县农民外出务工情况较为普遍，砍伐工愈来愈少，更重要的是，不同于砍伐普通木柴可直接将柴火成堆捆扎滚下山，檀皮由于其易损性，只能依靠剥皮工人从山上砍伐后通过人力背下山，因此工作异常艰辛，愿意留在当地并从事原料采集的工人也逐渐减少，由此带来的原料采集环节的人手短缺、原料树种生长周期长存量少造成的原料紧缺、人工成本上涨造成的价格上涨现象越发严峻。

第五节　财政保障标准方面

一、财政支持基数小，增长缓慢

总体而言，近年来，中央和各省级政府都加大了对非物质文化遗产保护的资金扶持力度，每年都提供一定的财政资金对口扶持，并设立国家非物质文化遗产保护专项基金。但是，由于我国文化事业方面经费基数小、覆盖窄、比例低、增长慢，难以满足非物质文化遗产保护工作中巨大的资金缺口。相比西方发达国家而言，我国文化经费投入主要依赖政府，资金来源单一，民间资本没有形成投资热情，不利于资金渠道的扩充和资本融通。此外，一方面，由于我国文化遗产保护工作起步较晚，非物质文化遗产保护资金在财政经常性支出中所占比例较低，属于基础薄弱环节。另一方面，虽然国务院已制定了保护和发展非物质文化遗产的相关法规，但政策层层落实的过程与文件精神仍存在时间差和空间差，各基层组织并未及时给予当地非物质文化遗产项目配套的经济扶持与帮助；由于各部委管理范围叠合和缺位现象，形成了政出多门、多头管理的局面，政令难以有效实施。

以安徽省为例，省财政从2007年起建立传承人专项扶持资金，每年补助省级非物质文化遗产传承人1000元，用于扶持其开展传习活动。2011年，安徽省文旅厅利用国家拨款，统一采购十八套器材，包括摄像机、台式电脑、移动硬盘、数码照相机等，总价值90余万元，分别下发到全省17个地级市非物质文化遗产保护单位和省非物质文化遗产保护中心，为他们添置了工作设备，指导他们开展非物质文化遗产普查、记录、调研等工作。

另外，国家和省级财政连续多年加大安徽省非物质文化遗产保护工作经费投入，2005年至2011年累计投入6772万元，具体分布如下表。

单位：万元

年份	2005	2006	2007	2008	2009	2010	2011
国家级	20	130	120	305	995	1222	2382
省级	10	28	180	180	400	400	400

其中，2011年财政部下发《关于加大非物质文化遗产保护专项基金的通知》，补助安徽省非物质文化遗产保护专项资金2382万元。

安徽省财政厅设立非物质文化遗产保护及徽文化生态保护区建设专项资金，并列入财政年度预算，2009年至2011年，每年划拨资金400万元，专项用于开展非物质文化遗产保护和研究、非物质文化遗产传承人的培养和资助、人员培训、宣传展示以及徽州文化生态保护区建设。其中，200万元仅针对“徽州文化生态保护区”范围内非物质文化遗产项目，其余200万元则在全省其他地区分配使用。僧多粥少的局面让省文旅厅非物质文化遗产保护部门倍感为难，为了实现公平正义，每年只能在省级非物质文化遗产名录中轮流给予拨付，重点向濒危的、珍贵的、传承困难较大的项目倾斜，而生产性非物质文化遗产项目由于其相对自足性和较强的生存性，得到的扶持资金在资金总体分布比例中则是较低的。

2018年度省级非物质文化遗产保护项目支出绩效自评表

（2018年度）

项目名称	2018年省级非物质文化遗产保护专项资金					
主管部门	安徽省文化和旅游厅		实施单位	安徽省文化和旅游厅		
资金情况（万元）		全年预算数（A）	全年执行数（B）	分值	执行率（B/A）	得分
	年度资金总额：	550	469.4	10	85%	8
	其中：本年财政拨款	550	469.4	-	85%	-
	其他资金	0		-		-

续表

<table>
<tr><td rowspan="3">年度总体目标完成情况</td><td colspan="3">年初设定目标</td><td colspan="5">年度总体目标完成情况综述</td></tr>
<tr><td colspan="3">对省级代表性传承人传承活动及抢救性记录、非遗数据库建设、非遗传习基地建设、非遗传承传播、非遗研究出版、非遗传承人群培训、徽州文化生态保护实验区建设等年度计划任务进行补助，推动安徽省非遗的传承保护与宣传推广。</td><td colspan="5">通过项目实施，全面做好安徽省非遗传承、保护及发展工作。当前共完成资金数469.4万元，项目完成率达89%，部分项目当前正在实施中，2019年底全部完成。</td></tr>
<tr><td colspan="3">存在的问题：一是部分项目因受时节、传承人身体状况等客观因素影响，实施周期较长；二是部分项目受活动时间冲突、人员变动等因素影响，暂时项目未完成，目前正在积极实施中。</td><td colspan="5">整改的措施与建议：一是认真做好项目的前期调研，进一步细化项目预算，做好项目实施与资金预算的有效衔接；二是加强非遗保护专项资金使用情况督查，做好项目实施过程相关问题与困难的协调，推进项目实施，提高资金使用效率。</td></tr>
<tr><td rowspan="9">年度绩效指标完成情况</td><td>一级指标</td><td>二级指标</td><td>三级指标</td><td>分值</td><td>年度指标值</td><td>全年实际值</td><td>得分</td><td>评价得分说明</td></tr>
<tr><td rowspan="8">产出指标（50分）</td><td rowspan="3">数量指标</td><td>省级以上非遗代表性项目年度重点项目保护个数</td><td>8</td><td>46个</td><td>33个</td><td>7</td><td>未达</td></tr>
<tr><td>传承人群培训班次</td><td>6</td><td>1期</td><td>1期</td><td>6</td><td>持平</td></tr>
<tr><td>补助省级代表性传承人传承活动人数</td><td>6</td><td>≥485人</td><td>485人</td><td>6</td><td>持平</td></tr>
<tr><td rowspan="3">质量指标</td><td>省级非遗代表性项目保护年度计划任务完成率</td><td>6</td><td>≥80%</td><td>85%</td><td>6</td><td>超额</td></tr>
<tr><td>非遗传承人群培训班完成率</td><td>6</td><td>≥100%</td><td>100%</td><td>6</td><td>持平</td></tr>
<tr><td>省级代表性传承人传承活动补助经费发放到位率</td><td>6</td><td>≥95%</td><td>100%</td><td>6</td><td>持平</td></tr>
<tr><td rowspan="2">成本指标</td><td>省级非遗代表性项目保护补助资金额</td><td>6</td><td>550万元</td><td>469.4万元</td><td>6</td><td>未达</td></tr>
<tr><td>省级代表性传承人传承活动补助资金额</td><td>6</td><td>4000元/人</td><td>4000元/人</td><td>6</td><td>持平</td></tr>
</table>

续表

<table>
<tr><td rowspan="8">年度绩效指标完成情况</td><td rowspan="5">效益指标（30分）</td><td>经济效益指标</td><td>受培训非遗传承人群相关产品销售额增长率</td><td>15</td><td>≥ 5%</td><td>≥ 5%</td><td>15</td><td>持平</td></tr>
<tr><td rowspan="3">社会效益指标</td><td>非遗保护与传承受益公众增长率</td><td>5</td><td>≥ 80%</td><td>≥ 80%</td><td>5</td><td>持平</td></tr>
<tr><td>社会参与非遗保护与传承渠道</td><td>5</td><td>比上年度增加</td><td>比上年度增加</td><td>5</td><td>持平</td></tr>
<tr><td>非遗传承人群增长率</td><td>5</td><td>≥ 5%</td><td>≥ 5%</td><td>5</td><td>持平</td></tr>
<tr><td>……</td><td></td><td></td><td></td><td></td><td></td><td></td></tr>
<tr><td rowspan="3">满意度指标（10分）</td><td rowspan="2">服务对象满意度指标</td><td>非遗传承人群满意率</td><td>5</td><td>≥80%</td><td>≥80%</td><td>5</td><td>持平</td></tr>
<tr><td>非遗活动与传承活动受益公众满意率</td><td>5</td><td>≥80%</td><td>≥80%</td><td>5</td><td>持平</td></tr>
<tr><td>……</td><td></td><td></td><td></td><td></td><td></td><td></td></tr>
</table>

从安徽省《2018年度省级非物质文化遗产保护项目支出绩效自评表》可见，为做好安徽省非遗传承、保护及发展工作，安徽省全年共投入财政资金469.4万元，项目执行率达85%，仍需在以下几方面推进：一是认真做好项目的前期调研，进一步细化项目预算，做好项目实施与资金预算的有效衔接；二是加强非遗保护专项资金使用情况督查，做好项目实施过程相关问题与困难的协调，推进项目实施，提高资金使用效率。此外，行政人员工资和公务开销方面，由于地方行政机构不仅要构建行政人员薪酬体系、保证日常的行政开支，还要投入资金用于非物质文化遗产的普查、调研、申报、组织重点项目参展、指导其进行合理保护和再生产等，实际工作中需要支出的经费远高于目前的财政扶持力度，因此在加大对非物质文化遗产传承人和传承单位投入力度的同时要注意

维护行政成本支出。

二、预算编制较粗，缺乏科学理性支撑

目前各级政府部门广泛采用“增量预算”模式，较为依赖此前惯性，资金分配交叉分散，资金使用过程中存在追加较多、执行力不够顺畅、公众知晓度不高等问题，造成财政支出结构固化、部门利益刚化、预算内外资金管理不协调、政府调控能力弱化等弊端。各方对预算编制改革、精简预算编制流程的呼声越来越高。此外，编制过程中，扶持资金主要倾向于国家级非物质文化遗产名录及其他重大项目，忽略了一些中小非物质文化遗产单位。其次，申请手续繁杂、审批层级较多造成的政策滞后性不仅会延误最佳保护时机，还可能会使一些尚未纳入保护体系甚至还未引起关注或被遗漏的非物质文化遗产享受不到相应的扶持政策。

同时，由于我国文化财政政策对于鼓励社会捐赠的力度不够，民间资本难以补充公共文化事业投入的不足。因此，如何吸纳社会资金支持非物质文化遗产传统手工艺发展已成为迫在眉睫的问题。

三、资金拨付方式和执行监管渠道不畅

当前，非物质文化遗产专项资金拨付流程主要为：①以各市、县为单位，收集整理当地非物质文化遗产项目保护发展所需资金和项目，上报至省级文化管理部门；②省级文化管理部门进行审议和评定后确定拨

付额度，上报到文化和旅游部；③文化和旅游部、财政部等相关部门审议通过后，划拨资金到省级财政部门，再由其直接下发到地市级财政部门。这种拨付方式虽然在申报时期就已具有计划性和使用定向性，但由于缺乏严密的监管体系，资金在拨给传承人或传承单位后，难以保证其是否用于开展传统技艺的保护或开展教学传承活动。其次，专项资金直达传承单位，不经由地市级文化机构，确实有利于保障资金的安全性和及时性，避免了各级财政截流的可能，但也可能无法对专项资金的使用进行科学严谨的监管，导致资金使用的实际效能偏低。

第四章　经验启示

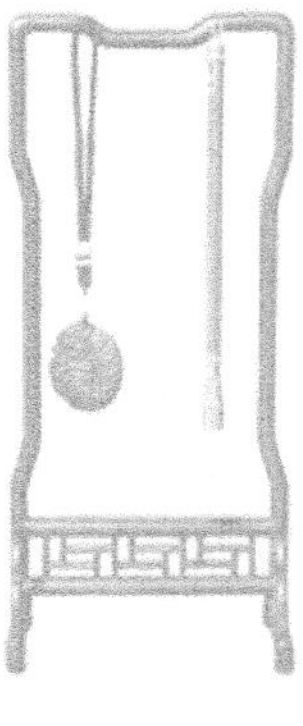

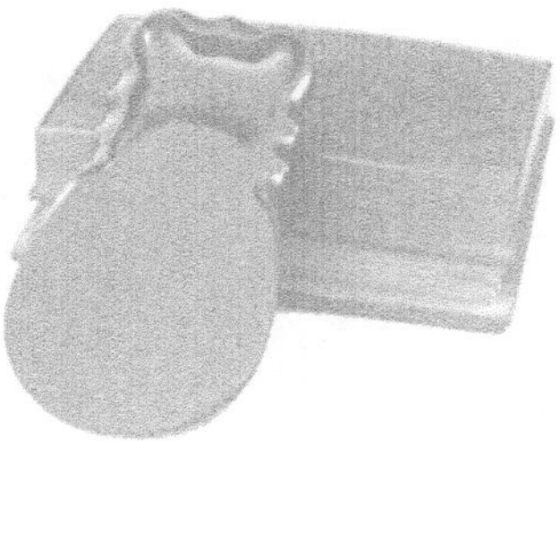

第一节　国外政府在文化遗产保护中的经验

客观上来说，我国非物质文化遗产工作相较于其他国家开展得相对较晚，部分政策法规和保护措施还缺乏理论基础和实践依据，保护工作仍然面临诸多棘手问题。在全球交流日益紧密的今天，借鉴他国在非物质文化遗产保护工作中的先进理念和成功经验，结合中国国情和实际工作情况加以汲取改进并吸收利用，这不仅有利于更加科学规范地制订保护计划、优化保护结构，也有利于唤起全社会保护非物质文化遗产的主动性和自觉性。

一、日本政府在文化遗产保护中的经验

日本是世界上开展非物质文化遗产保护工作最早的国家，早在 1950 年就颁布了《文化财保护法》，正式以法律形式对文化遗产保护做出了相关规定。日本对无形文化财[①]（按照日本文化厅的介绍，其范围包括戏

① 日本称“非物质文化遗产”为“无形文化财”。

剧、音乐、工艺技术及其他无形的人工类文化财产）的认定包括认定技艺本身和拥有技艺的匠人，认定形式分为：“个别认定”（是指具备某项技艺、技能的拥有者）；“综合认定”（是指两人或多人同时具备某项技艺、技能的拥有者）；“保持者团体认定”（是指某项技艺或技能无法由少数人完成，而是形成类似“流水线”工作的某项技能集体拥有者），比如安徽省宣纸集团的宣纸制作工艺。而“人间国宝”则是指在“个别认定”技艺特别超群，或特别珍贵、濒临失传的某项技能的拥有者，一般由文部科学省下属的文化厅在咨询文化财专门调查会成员的基础上筛选出名单，提交文化审议会审议，经审议通过后，由文部科学大臣最终批准并颁发认定书。①

图 4-1 “京舞”（きょうまい）：属于“上方舞”的一种，是京都祇园地区盛行的仅供江户时代上层人士欣赏的高雅舞蹈

① 王文章主编：《非物质文化遗产概论》，文化艺术出版社 2006 年版。

图 4-2 “莳绘”（まきえ）：一种起源于奈良时代的漆工技法，
专门在木质或金属物品上使用金银粉绘制迷你图画

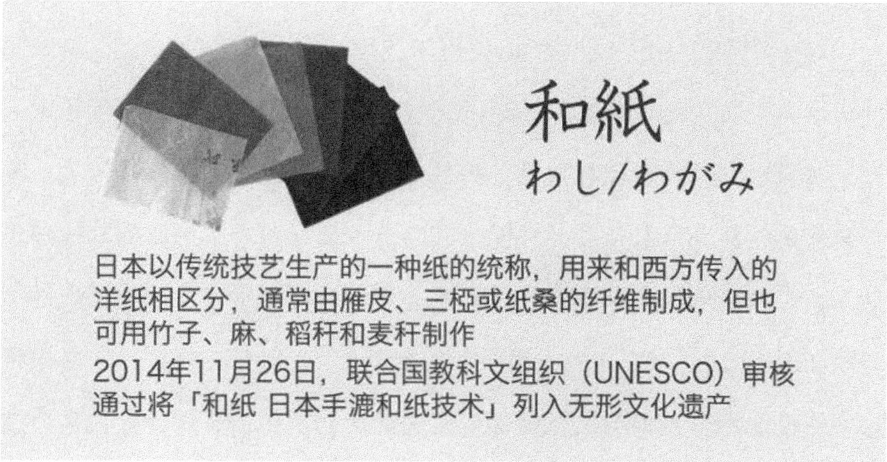

图 4-3 “和纸”：中国造纸技艺传入日本后，经过本土化制作工艺，
产生了具有日本地域特色的纸张

为了切实有效地保护国家“文化财”，1950年，日本在文部省内组建了“文化财保护委员会”，使日本在保护国家文化财产方面有了专门的保护机构与机制，为国家文化财的保护提供了重要的“智库”保障。该委员会的主要职能在于普查、筛选、指定与解除国宝等工作，这一重要职能全权由文部省内大臣来决定、执行，与此相关的其他事务则由文化厅长官负责。然而，“文化财保护委员会”存续了18年后便被废除，为了接续这一“委员会”的任务与工作，日本于1968年在国家文化厅下设了“文化财保护审议会”，其主要职能是为文化省内大臣与文化厅官员提供“文化财”保护方面的提案与咨询。上行下效，国家层面设置了“文化财保护审议会”，并明确了其职能以后，地方政府亦同样设立这一机构，进而形成国家、省与民间团体协同保护本土“文化财”的各级机制。此外，在“文化财保护审议会”内还设立了“无形文化课”，用以专项保护、振兴日本传统戏曲。

对于“重要无形文化财”（类似于我国“国家级非物质文化遗产”）的传承人，即“人间国宝”，日本政府会专门划拨一笔资金，帮助传承人记录其技艺并帮助其保存作品，另外还资助其传习技艺、培养传人，改善他们的生活和从艺条件，并保障其为传承该项遗产所采取的其他必要活动，以鼓励他们不断提高技艺和悉心培养后继传承者，例如每人每年可获200万日元（约14万人民币）的资助①，但是规定受资助人必须将这些资助金用于从事与文化财保护相关的活动，包括开展传徒授艺、技

① 中国民族民间文化保护工程领导小组办公室编:《日本文化财保护法》（内部资料）。

艺展示和保护等，并向政府汇报这笔款项的用途。日本文化遗产保护法明文规定，包括国宝等重要文化遗产的管理维护的资金下限是国家总预算的 0.01%。①

值得一提的是，日本于 1974 年颁布实施的《保护传统手工艺品产业振兴法》，是日本政府为进一步振兴传统手工艺而制定的一部法律，也是继《文化财保护法》后，又一部对工艺美术及相关传统手工业继承与发展具有重要意义的法律。对于《保护传统手工艺品产业振兴法》体系之外的传统手工艺人，日本经济产业省则单独给予扶持。如 60 岁以上，不在被认定的较小规模项目中从事手工艺制造，技艺高超，致力于培养接班人，并对振兴当地产业有所贡献的艺人，每人每年给予 10 万日元的奖金，每年总共奖励 80 位；40 周岁以下，对于传统技艺具有浓厚兴趣、学艺时间不足 5 年，但又期望通过求学继续进修的年轻人，每人每年给予 30 万日元的奖金，每年奖励 120 位。

二、韩国政府在文化遗产保护中的经验

韩国自 20 世纪 60 年代开始就着力于传统民族民间文化的搜集和整理，1962 年颁布《韩国文化财保护法》，包括"有形文化财""无形文化财"在内的文化遗产均被纳入国家保护制度当中。其中，"无形文化财"被定义为：代表韩国文化特色，体现韩国民族文化的表演艺术、工艺、

① 陈映红：《美法日韩等国文化遗产保护的经验》，《当代广西》2008 年第 11 期。

技艺及其他类型的无形文化产物。

1	有助于理解民族生活变迁与发展的文化事象。
2	形成年代相对悠久，并能体现其时代特点的文化事象。
3	形式和技法上具有传统特点的文化事象。
4	具有突出艺术价值的文化事象。
5	能够成为学术研究珍贵资料的文化事象。
6	具有鲜明的乡土特色等的文化事象。
7	因濒临传承危机而处于丧失原有文化价值边缘的文化事象。

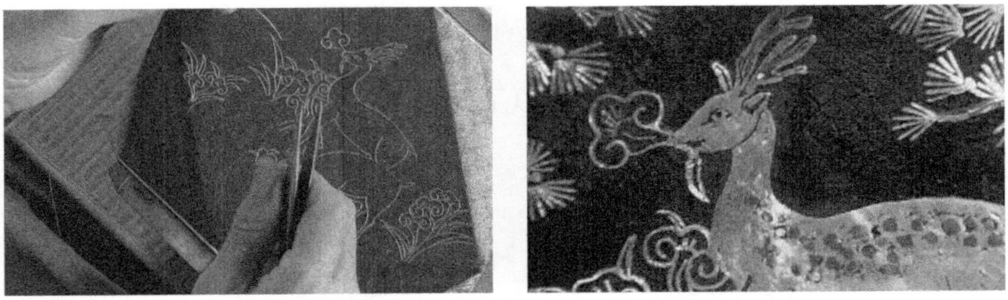

图 4-4　韩国无形文化财第 78 号——入丝（입사장），中国称为錽、减（根据不同材质叫法不同，铁錽金、银，铜錽金、银等），日本称为布目错

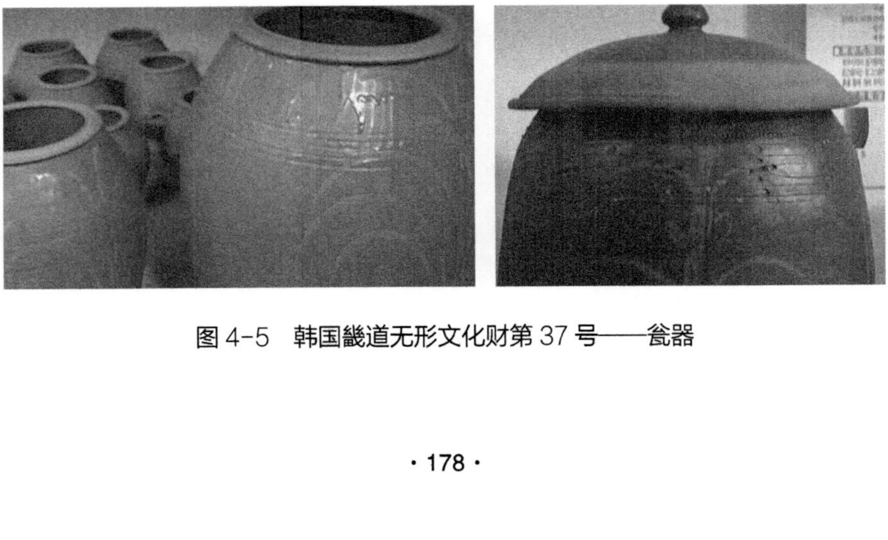

图 4-5　韩国畿道无形文化财第 37 号——瓮器

图 4-6 韩国无形文化财第 105 号——瓷器

20 世纪 60 年代，韩国政府为在海外传播推广韩国文化，塑造“美丽韩国”的文化形象，政府部门依据“无形文化财”的标准，遴选了大量戏剧、音乐、舞蹈等艺术价值卓越、适于表演的项目。因此，彼一时期的无形文化财中很大一部分为演艺类表演项目。①

1970 年，韩国政府在新修订的《文化财保护法》中增加了“技能保有者认定制度”，把是否能“维持原形”作为衡量传承人或传承团体是否合格以及进一步活用的重要标准。随着“原形主义”的过度性、机械性追求，与无形文化财的保护初衷越来越背离，很多无形文化财脱离实际，成为保护“范（标）本”，于是反对并抵制“维持原形”的呼声越来越高。2016 年 3 月 28 日，韩国在《文化财保护法》中将无形文化财的

① 1970 年之前认定的无形文化财项目有：无形文化财第 1 号：宗庙祭礼乐（1964 年）、无形文化财第 3 号：木偶戏（1964 年）、无形文化财第 8 号：圆圈舞——强羌水越来（1965 年）、无形文化财第 11 号：农乐（1966 年）、无形文化财第 12 号：晋州剑舞（1967 年）、无形文化财第 16 号：玄琴散调（1967 年）、无形文化财第 23 号：伽倻琴散调及并唱（1968 年）、无形文化财第 27 号：僧舞（1969 年）、无形文化财第 30 号：歌曲（1969 年）。

保护条例单独列为《无形文化财保护及振兴法》，使用“典型”而非“原形”的概念进行替换，核心要义在于无形文化财在传承中固有的知识、技法、价值等，对于无形文化财在传承发展过程中因社会环境发展而产生的变化视作合理，“典型”由此正式替换了沿用50多年的“原形”概念。韩国政府在历年的保护法令中对于“无形文化财”概念的界定，也在不断修改中。

时间	关键词	具体内容
1970年	保有者、 保有者复数认定	新增加“指定无形文化财时需认定相应的保有者”的内容，“能否准确把握原形并进行再现”成为认定无形文化财保有者和保有团体的标准；并允许认定复数保有者。
1973年	重要无形文化财、 地方无形文化财	允许地方政府自行指定地方无形文化财；无形文化财制度呈现由国家指定和管理的“重要无形文化财”与地方自治团体指定和管理的“地方无形文化财”的二元结构。
1983年	履修证、保有团体	向无形文化财的保有者候补和传授教育助教颁发“履修证”；实施传授奖学生制度；在指定重要无形文化财时不仅可以认定个人为保有者，还可以认定团体为保有团体。
1999年	学术性、维持原形	无形文化财的定义中增加了“学术”两字，即无形文化财是指“具有重要历史和艺术以及学术价值的演剧、音乐、舞蹈、工艺技术以及其他的无形性文化产物”。同时明确规定“文化财的保护和管理以及活用应以维持原形为基本原则”。
2001年	名誉保有者制度	当保有者无法正常履行文化财的传授职责时，将解除其保有者资格，认定其为名誉保有者。
2010年	游戏、仪式	无形文化财的范围扩大到游戏和仪式，即无形文化财是指“具有重要历史和艺术以及学术价值的演剧、音乐、舞蹈、游戏、仪式、工艺技术以及其他的无形性文化产物”。
2014年	无保有者（团体）的项目	允许指定重要无形文化财时，可以只指定项目，不认定相应的保有者或保有团体。

随后，韩国制定了《文化产业发展五年计划》《文化产业前景 21》《文化产业发展推进计划》，从国家重要战略支柱性产业的层面来推动文化产业的发展。[①]

韩国中央及地方政府、民间组织对本国非物质文化遗产保护工作都相当重视。根据遗产的重要性、濒危性和价值性等特征，将遗产分为三个层次进行保护：被认定为具有重要价值的非物质文化遗产将给予 100% 的经费保障，各道、市等地方确定的非物质文化遗产，国家给予 50% 经费保障，剩余由所在地区筹集资助。[②]

为了保护遗产传承人，韩国建立了“金字塔”式的保护制度，最上层的传承人被称为“保有者”，这些艺人不仅能够得到国家对其开展授艺、技艺研究和生活方面的资助，也在社会上享有很高的声誉和地位，同时，其养老保障和医疗保障也被纳入国家统一管理体系当中。保有者每年必须在国内外最少进行两次公演，并要承诺将技艺传给后两级的传承人（名曰“助教”和“履修者”）。对于“助教”和“履修者”，国家则为其发放相应的生活补助金，鼓励其进行技艺深造，规定其必须学艺 6 个月以上，并在相关领域从事一年以上工作，在“保有者”去世之后，有责任和义务继续履行义务，进行再一次的技艺传承。这种“收徒制度”，以其规范的奖励和义务限定方式，免除了技艺传承和学习者的后顾之忧，也有效防止了

---

① 张胜冰等：《世界文化产业概要》，云南大学出版社 2006 年版。

② 马驰：《文化遗产的保护与历史文脉的传承——对韩国文化遗产保护经验的思考》，《广西师范大学学报》(哲学社会科学版)2009 年第 2 期。

珍贵的手工技艺失传的风险。此外，在非物质文化遗产开展演出等其他活动的时候，国家会给予200万韩元至500万韩元不等的资助。

韩国政府致力于积极推动文化资源产业化、商业化经营。旅游观光景区经常会有民俗服饰、传统戏剧、韩国美食、手工艺创作等表演活动，这些具有浓郁民族风情和韩国特色的文化元素吸引了大量的国内外游客，提高了从事文化遗产保护工作人员的自主性，也带动了韩国文化产业和旅游业的发展。

市场经济的局限性和“市场失灵”现象的存在对政府职能提出了内在要求，即政府要为市场经济规律更好地发挥作用创造条件。值得我们学习的是，韩国对非物质文化遗产的产业化发展并未实行“政府包办制”，而是摆脱政府直接“办文化”的模式，转以财政资金为引导、税收政策为杠杆，通过金融、税收、外汇、技术等各种温和的方式，保障国家文化产业计划与政策的执行，从而影响企业的行为。着重解决那些文化产业中市场决定不了、解决不好的问题，确保文化市场充满生机和活力，解放发展了文化生产力，给生产性非物质文化遗产自身提供了足够的成长和发展空间。另外，政府通过运作“文化产业专门投资组合”、设立专项基金、实行多种优惠政策等支持文化产业的发展需要。政府的投入和政策倾斜极大地鼓励了民间资本、风险资本的跟进，有效缓解了生产性非物质文化遗产产业继承创新和海外推广的资金问题。

三、法国政府在文化遗产保护中的经验

作为文化遗产大国和文化遗产保护强国，法国在文化遗产保护方面积累了较为丰富的成功经验，并且得到了国际学界的一致认可。与其他国家不同，法国在文化遗产保护层面之所以形成自身的经验路径，主要在于将“文化遗产”作为一个专门的对象领域来对待，也就是说，法国将“文化遗产”上升到了学科的高度，以科学严谨、学理与实践并重的方式进行机制管理、学术研究、保护开发等。为了便于开展文化遗产保护工作，法国在管理组织上还设立了专职负责该方面工作的相应机构与组织，如政府、顾问与社会组织等。

在法国，专门负责文化遗产保护的最高行政机构是文化部的下属机构——“文化遗产司”，相应地，在地方政府层面，亦设有文化遗产保护方面的不同级别机构。开展文化遗产保护是一项颇具专业性的工作，因此，“文化遗产司”不仅有专门的行政管理人员，也有专职科研从业者。这一部门主要由“四处”“三科”构成，即文化遗产（遗址）管理处、文化活动与事务处、文化遗产登记处，以及人类学遗产、影像类遗产、国际事务三个管理科室。它们各司其职，分别负责保护不同类型的文化遗产，以及对国家文化遗产保护工作进行领导、决策、规划、监督，管理国立博物馆、古遗迹信托、文化保护教学与研究、信息收集等工作。

法国的地方性或区划政府内部也都有自身管理文化遗产保护的部门或机构，如我们所熟知的文化事务部（DRAC），负责管理不同

行政区划内的文化遗产保护事务，包括管理区域人类学文化遗产、文化遗产、遗迹与登记等，共同构筑了法国文化遗产保护的具体实践单位。一般来讲，分属于国家级别的文化遗产保护项目主要由大致十五个地方的文化遗产管理局与纪念物遗产科的监督长官负责实施，国家赋予地方管理局的主要任务有七项，即①参与制订计划，包括对不同纪念物、文化遗址的保护计划；②深入调查，对收集完成或已分类归档的纪念物与遗址进行考察；③为本土文化遗产保护与利用制定有序规划，并向上级主管部门提供咨询与建议；④参与文化遗产的维修，提供维修资金；⑤为文化遗产个人持有者提供修葺、复原资助；⑥为文化遗产所在地的地方行政部门提供充足的财政支持；⑦建立防御机制，对不法行为进行诉讼。此外，在法国文化遗产的具体执行机构当中，还设立有两个级别较低的基层单位，它们分别是专项负责法国地方古建筑管理的建筑处和地方文物与艺术品的文物管理处。

虽然如此，具体的文化遗产事务大部分并非由法国文化部完成，而是由其下属的历史纪念物基金会、文化艺术遗产委员会、考古调查委员会等民间社团完成，还有相当一部分由私人进行管理（著名的埃菲尔铁塔就是由私人管理的），甚至由私人所有，法国政府直接管辖的文化遗产数量不超过5%。

其中，法国的"历史纪念物基金会"就是国家政府直管的一个重要文化遗产保护单位，其创立于1914年，职能主要是众筹基金，用以维修历史建筑，以及出版文化遗产保护方面的著作、摄影集和学术论文集。除此之外，"历史纪念物基金会"还时常进行一些纪念性建筑展览工作，并在这些纪念性建筑所在地举办音乐会、学术讲座和民俗庆典等活动，以增进民众对本土文化遗产的认知与热爱，甚至也可在不影响、不破坏文化遗产庄重性的前提下，适度地在这些建筑内增设咖啡馆、书店、茶馆等休憩区，以吸引游客。虽然，“基金会”在财政收支方面有自治权力，但在如何使用基金的问题上还需提交书面申请，经基金评议会讨论后方可实施。基金评议会的地位举足轻重，由财务部、内务部、文化部与观光厅等多方代表共同组成，主要确保基金的正当与正常使用，该部门总裁由文化部部长亲自任命，以便做好相应的督察工作。

文化遗产保护委员会负责文化遗产的保护、开发、运营与咨询业务。与其他国家相比，法国文化遗产委员会多数成员的身份都是文化学者，因为他们的“专业性”能够更好地实施保护，然而，并非只有他们能够完全“垄断”委员会的职责，一些相关的行政部门公职人员，以及相关团体负责人、民众代表都赋予不同程度的进言权利。在法国，除了文化遗产委员会以外，还存在各类文化遗产保护委员会，较为有影响力的有文化遗产保护最高委员会、国家文化遗产保护登记管理委员会、国家古迹研究顾问团等。

此外，民间社团作为受委托方，从事了大量的文化遗产保护工作，这一制度始于1914年，最早从对古迹的托管开始试点。目前，法国共有18000余个规模各异、功能丰富的民间社团，诸如古迹信托、历史建筑促进会、传统宅院促进会、古迹基金会、青少年与文化遗产古迹国际协会、国立古迹建筑博物馆、文化遗产专门博物馆等都是较有影响力的民间社团组织。在这些重要的民间社团中，1983年成立的古迹信托组织是过去能够较好地完成国家赋予的古迹信托方面的托管工作，同时在管理与利用过程中将法国本土遗产保护导入良性状态的社团，进而将文化遗产保护的科学理念被大众熟知。1995 年以后，国家政府将百余处古迹的信托事宜权利赋予该组织，除国家拨付硬件维修费以外，像其他管理与运营权亦委托给古迹信托组织统筹负责，国家不对财务事务进行干预。

除了不断健全文化遗产保护架构及措施外，法国在教学与科研体系方面亦存在一套完善的措施，用以保证文化遗产保护工作开展的可持续性与科学性。比如，在教学层面，法国专门成立了文化遗产保护学院、文物保护修复学院等教学机构，主要职能在于培养该方面的专门人才。为解决技术人员的断层问题，法国还成立了专门培育技术从业者的文物保护修复学院，故在世界各国面临文化遗产保护缺乏专业从业者的困境时，法国的文化遗产保护队伍建设仍显示出源源不断的后备动力。

在教学之余，法国还设有数以百计的文化遗产科研机构，它们的主要职能在于调查、研究、教学、搜集文化遗产保护方面的资料等事宜，像古迹保护研究中心、古迹保护与历史高等研究中心、文化遗产保护研究试验所等都是较为有影响力、有代表性的科研单位。除了一般性的文化遗产科研性机构外，法国还成立了多个专科科研机构组织，这些单位主要负责保护、管理、修缮、鉴定文化遗产等工作，极具代表性的机构有地质水利研究中心、国立瓷器研发中心、罗马壁画研究中心、道路与桥梁学院中央研究室、材质检验研究室、画册保护研究中心，以及图书影像、文化遗址、自然遗址、人类学资料等研究中心。

图 4-7　法国最大的王宫之一，修建于 1137 年的枫丹白露宫，十二世纪以来，其一直作为中世纪皇室狩猎住所，颇有意大利文艺复兴时期的建筑特色

图 4-8　法国沙特尔大教堂，始建于 1145 年，1194 年在火灾中焚毁，1220 年重建完成，为法国哥特式建筑的巅峰之作

除了有关教学与科研方面的研究机构以外，在法国，有关文化遗产的法律法规亦较为健全，且有数百种之多，这些条文的覆盖面广泛且全面，涉及大中小型有形文化遗产与自然遗产的保护、监管、维修、税收，以及文化遗产保护各种组织的行为规范等。并有相应的配套措施，处在一种不断发展的动态修正、完善状态。

1840 年，法国出台了《历史性建筑法案》，这是法国历史上首部文化遗产保护法，亦是世界上最早的文化保护层面的法规，具有普遍的法律约束力。在此之后，又分别颁布了《历史文物建筑保护法》（1887）、《历史文物建筑及具有艺术价值的自然景区保护法》（1906）。前者重申了传统建筑保护层面的标准与适用范围，还成立了专由建筑师构成的“古建筑管理委员会”，用以负责选定、保护法国文化遗产工作；后者将除建筑以外的一些自然景观，如稀缺园林、山地等具有艺术价值的景观亦纳入到法律保护范畴。然而，就现行的文化遗产保护制度而言，其所遵循的法律条文基本上还是参考的 1913 年与 1930 年分别颁布的《历史古迹法》与《景观保护法》。实际上，《历史古迹法》已经包含了现行保护制度的大致内容，其准许国家直接对已被列入文化遗产名录的古建筑文物进行修葺，并对文物持有者的权利进行了一定程度的制约，但较为重要的古建文物依然需要列入名录，并进行严格的登记造册。此时，《历史古迹法》的内涵范围包含广泛，并未将考古挖掘的文物区别开来，直至 1941 年，法国意识到这一问题，将历史古迹与地下出土文物进行区别，在《历史古迹法》之外又单独制定了《考古挖掘法》，从而在法律层面支持了之后的考古挖掘工作，使该方面的工作具有了明确的法律效力。除此以外，《历史街区保护法》

（1962）、《城市规划法》（1973）这两部重要的法律也共同构筑了法国文化遗产保护工作中的主要条文。以上条例、条文在实施与实践过程中不断被修正、完善，直到今天仍然发挥着积极的作用。

法国对文化遗产的保护主要采取国家财政拨款方式，同时设立文化信贷，对地方重点文物机构和非物质文化遗产项目给予经常性的财力支援，对民间文化团体每年给予固定的补贴，成立保护抢救专门的基金会，向文化遗产的个人所有者提供文化遗产复原、修缮资金等。①

2009 年，法国文化部计划在文化遗产保护领域投入经费 3.05 亿欧元。2011 年在欧洲债务危机的背景下，法国文化预算不但未大幅削减却仍然保持小幅增长，9 月，法国文化部公布了 2012 年度文化预算，总额为 74 亿欧元，在 2011 年的基础上增加了 0.9%，占国家总预算的 0.76%。这些举措无不体现出法国政府对文化事业的重视程度和捍卫其文化大国地位的坚定理念。值得注意的是，政府还特别拨放专项资金 8.7 亿欧元，用于开展文化遗产的保护和民间保护工作，占文化预算总额的 11.76%。除财政直接补贴以外，法国政府通过制定减税等政策鼓励企业为文化发展提供各类帮助，有关企业可享受 3% 左右的税收优惠。

值得一提的是，法国民众对于文化遗产的保护意识也非常强烈，表现出极大的热情和自觉性。自 1984 年法国设立“文化遗产日”（每年 9 月的第三个周末，公众可以免费参观所有的公立博物馆，私立博物馆

① 陈映红：《美法日韩等国文化遗产保护的经验》，《当代广西》2008 年第 11 期。

则在国家税收减免的基础上降低票价），每年的这个周末已成为盛大的文化节日，世界各地的游人都喜欢在这时来到法国，领略丰富的文化遗产。

四、意大利政府在文化遗产保护中的经验

意大利作为欧洲历史文明古国，拥有璀璨的文物、遗迹和手工艺技艺，是世界上拥有文化遗产数量最多的国家之一。2018 年，联合国教科文组织的《世界遗产名录》中，意大利以 54 项世界遗产，其中文化遗产 49 项高居世界首位。

文化遗产名称	数量
意大利世界遗产（《世界遗产名录》）	54 项
意大利文化遗产（《世界遗产名录》）	49 项
教堂	95000 多座
修道院	1500 多处
古城堡	20000 多所
考古遗址	6000 多处
考古遗址博物馆	400 余个
博物馆	6000 余个
档案馆	8250 个
古文物（艺术品、古迹档案、人类学和自然科学展品等）	4800 多万件

图 4-9　意大利北方小城切塞纳市亚历山德罗 · 邦奇剧院
（Teatro Alessandro Bonci）外景

图 4-10　意大利北方小城切塞纳市亚历山德罗 · 邦奇剧院
（Teatro Alessandro Bonci）内景

图 4-11　意大利切塞纳市街景，历史建筑与现代生活无缝融合

图 4-12　举世闻名的古罗马斗兽场周围，总能看到施工提示，常年的修缮使其永葆风采。据统计，2001 年全世界景点参观人数，意大利古罗马斗兽场以 140 多万人次位居榜首

图 4-13　意大利首都罗马各处古城历史文化遗迹。可以看到，意大利的现代城市发展始终让位于历史遗迹保护。如在城市建设或地铁挖掘中，碰到历史遗迹，意大利政府规定，要立即终止施工改为考古挖掘，并将区域妥善保护。施工结束后，将该区域挖掘出的文物按照等级评比制订保护计划，其中一部分文物将被直接放入当地修建好的建筑物或地铁站内展出，以示纪念

1909年，意大利颁布了一项关于保护历史、艺术和建筑作品的法令；1948年，将保护文化和自然遗产纳入宪法；1975年，成立文化遗产部；20世纪90年代，成立文化遗产和活动部，由文化遗产、艺术品、古建筑和古籍保护办公室等18个部门组成，制定了一系列严密的法律和政策体系，鼓励和支持社会各界投资保护文化遗产；1996年，通过了一项法律，将社会发行的彩票收入的8%定义为保护民族文化宗教的特别基金；进入21世纪，意大利出台一项关于文化产业补贴的优惠法律，规定投资于文化资源产业的资金不应计入税基；2004年颁布的《普拉文化遗产和景观法》，刺激文化遗产保护领域的私人股本投资，取消文化遗产税，免除文物修复材料增值税。[①] 每年5月的最后一周（自1997年始）是“意大利国家文化遗产周”，公众可以免费参观自然文化景观，并且召开学术性、公众性研讨会和相关主题活动、文艺演出、社区文化活动等。文化遗产类社会组织数量众多，诸如意大利旧宅协会、意大利古环境协会、意大利艺术品资源保护者联盟等，不仅从事意大利国内文化遗产保护工作，也在国际文化交流过程中发挥着巨大作用。

意大利文化部长的艺术顾问丹尼尔将意大利文物保护工作的三方面成功经验总结为：一是政策保障。意大利高度重视文化事业和文物保护的立法工作，是世界上第一个国内立法保护知识产权的国家。早在1462年，意大利教皇庇护二世当时就决定不随意破坏古代建筑遗址，未经允许

① 《中国流失文物回归背后 意大利这样保护文化遗产》，央广网，2019-03-27，http://xj.cnr.cn/2014xjfw/2014xjfwws/20190327/t20190327_524557184.shtml。

不准进入教堂；1624 年，出台了禁止自由销售艺术品的条例；1773 年，委托专员在教堂登记艺术作品；1821 年，意大利把文化遗产纳入国家历史范畴；1861 年，意大利统一，建立意大利王国，通过并颁布了一系列保护文化古迹的法规，将文化遗产保护作为基本国策；19 世纪末 20 世纪初，连续出台《文学艺术版权法》《文化古迹保护条例》，明确规定要妥善保护具有考古、历史和人类研究有价值的艺术品，任何人不得随意破坏；1902 年 6 月，意大利颁布了建国以后的第一部有关文化保护的法律文献，同时也是该国历史上首部关于艺术文化遗产的条文；七年以后，意大利又下发了 364 号政府令，成为意大利文化遗产保护的综合性法律条文，该项文献一直延续了近 90 年，也为意大利现当代文化遗产的法律法规奠定了坚实的基础，具有重要的原典意义；1999 年，整理归纳此前关于文化遗产保护的全部法规，统一制定为“联合法”，用于统一法律口径和标准，指导当下文化遗产保护工作。早前，意大利将文物保护正式纳入国家《宪法》中，具体而言，在国家《宪法》第九条中规定，意大利国家政府必须负责国家艺术、历史遗产与景观遗产的保护事宜。

二是经费保障。不仅有每年投入至文物保护的 20 亿欧元经费，还有自 1996 年起将每年彩票收入的 8% 划归文物保护资金，约为 15 亿欧元，同时针对文化遗产保护及发展制定了税收优惠政策，如企业赞助开展文化活动可以获取抵税资质。意大利政府也鼓励企业、基金会等社会力量投入表演类、技艺类保护工作，如赞助展览、演出、赛事等，激励文化遗产从业者精进技艺。表面上看，意大利政府在文化遗产保护工作中投入了巨大的资金，实际上由此带来的文化遗产保护实效吸引到的世界各地庞大的游客群体带动的旅游业消费也反哺了这一基础事业，形成了良性循环。

三是人才保障。意大利文物保护中心成立于1939年7月22日，专门培养各类文物保护人才，学制四年，主攻文物修复，不仅要掌握各种文物修复技巧，还要学习物理、化学、生物等现代知识。该中心还于20世纪90年代开展全国文物险情统计，利用政府保护资金对全国文物系统开展实地调研，绘制出数字文物保护地图，为政府通盘制订保护计划提供实践基础。与此同时，意大利各大院校尤其是艺术类专科学院，均设置文化遗产保护与修复专业，通过全面且完备的高等院校教育体制培养一代又一代的文化遗产保护专业从业人员。

此外，科学合理的文化遗产保护机制和组织架构、全民参与的广泛热情也是意大利文化遗产保护中的重要经验之一。意大利设立了从中央到地方垂直管理的保护体系。通过中央政府统一管理的顶层设计到地方政府精准实施的有效保护，大幅提高了文化遗产保护成功率。1975年，文化遗产保护部在国家的倡导下得以顺利成立，旗下设有六个专门单位、四个艺术展演管理单位，分别负责不同性质的工作事宜。除此以外，文化遗产保护部结合社会各界力量成立了科研、指导、提供“资政辅政”的专门机构，以辅助行政长官的工作，至于宪兵司令部则主要负责监督文化遗产保护工作中的依法执纪事宜。[①]

① 顾军，苑利：《文化遗产报告——世界文化遗产保护运动的理论与实践》，社会科学文献出版社2005年版。

第二节 对我国非物质文化遗产保护工作的启示

通过对比分析日韩及欧洲部分国家在保护和利用文化遗产中的做法、收到的成效及面临的问题，参照中国的国情和当前生产性非物质文化遗产发展现状，我们可以得出以下几点经验和启示。

一、政府的主导地位

非物质文化遗产不仅具备市场价值，更具有广泛的社会价值和人文价值，不能简单粗放地将它们置于市场经济的浪潮中自生自灭。其次，由于市场本身的局限性和单纯的逐利性无法胜任非物质文化遗产活态传承的任务，因此，无论是在政策导向、总体协调，还是财政扶持方面，都必须依靠政府强大的整合力量以及全局性、前瞻性的宏观调控手段予以保障。

行政管理方面，日本、韩国、法国、意大利在中央层面上都设置了非物质文化遗产保护机构，并配备行政管理人员和学者、专家，从非物质文化遗产政策的制定实施到学理性研究论证都给予了充分保证。以上四国由于机构建立时间早，所以部门体系设置较为完善、硬件设施和软件设施较为齐备、人员的技术性专业性较强、各级行政部门运转效率高、后期监督和评价体系也较为全面。因此，可以借鉴其中央政府与地方政府之间的管辖关系和权属范畴，合理划分事权、财权，将统一归口和因地制宜的保护方式有机结合起来，分类分批有序实施。

立法方面，四国很早就从法律法规层面对非物质文化遗产进行保护，以立法形式引导和促使保护工作全面开展，在法律的论证和前期制定阶段，皆广泛征集社会各阶层意见，以确保立法及执法的严谨性、科学性和规范性。

财政政策方面，四国在非物质文化遗产保护方面的资金投入占国家年度财政预算比例较高。究其原因，一方面由于他们很早就重视对国家文化遗产的保护和利用，社会各界都很关注文化遗产的保护工作；另一方面，他们本身就属发达国家，政府财政收支基数大，并且政府预算模式基本采用“增量预算”模式，财政预算的逐年上升保证了资金投入增长的刚性。尤为重要的是，政府一系列的政策优惠和实实在在的财政支持从源头上解决了非物质文化遗产事业发展所需的高昂费用带来的资金压力，不仅在传承人的生活和生产上予以专门补贴，使他们能够进入体制保障内，还从税收和信贷政策上予以相应扶持——一方面以减税甚至免税手段减轻非物质文化遗产项目的负担；另一方面对从事非物质文化遗产的企业和个人予以政府贷款担保、降低贷款利率、简化贷款审批手续、扩大贷款抵押面、提供中长期贷款等各项优惠措施。

二、民间的广泛参与

日本和韩国拥有大量的社会团体从事非物质文化遗产相关工作，与我国相比，他们从更加细微具体的角度对非物质文化遗产进行了关注和保护。通过在全国乃至世界范围内不断举办工艺美术大展来宣传推广本国传统文化，让越来越多的民众认识、了解其传统文化，从而在观众喜爱的基础上推广非物质文化遗产产品，挖掘了潜在需求，扩大了销售空间，使得古老技艺重新融入社会和大众的生活之中。另外，各类社会团体还在资金融通上对非物质文化遗产行业予以积极帮助，通过企业赞助和民众公益性支持，扩大了非物质文化遗产融资渠道，弥补了政府投入不足的缺口，从根本上减轻了政府财政负担。大量资金的进入盘活了文化资源，发展壮大了一批文化内涵丰富、增值空间广阔的文化产品，由此形成的良性循环又带动了相关产业发展，通过创造巨大的经济效益反哺社会。意大利地方政府与文化遗产领养人、文物监督人、志愿者、民间社团等共同认领并管理文化古迹，多方合力参与到文化遗产保护工作中。

行业协会也是不可忽视的一股力量，无论是表演性还是生产性的非物质文化遗产机构，几乎都能找到自己所属的行业协会，有的甚至同属多家。协会里一般会有专业人士帮助非物质文化遗产机构争取政府项目，维护行业权利，与内部的非物质文化遗产机构共同发展。另外，广泛存在的行业协会掌握着丰富的市场信息，他们深谙营销之道，通过统一策划和包装，塑造了一批批优秀民族品牌，帮助非物质文化遗产产品及其传承机构（个人）提高了知名度，获得了社会认可，保证了相关产品的市场需要，使传承人不因势单力薄而在激烈的市场竞争中面临淘汰困境。

第五章　政策建议

第一节　政府管理方面

一、坚持政府主导，健全保护机制

（一）加快法律法规体系建设，建立财政保障机制

加强各部委间的沟通协调，建立常态联席机制，进一步完善现有的非物质文化遗产法律法规体系，并出台相关意见，敦促各级政府主管部门将非物质文化遗产保护工作纳入本级国民经济和社会发展规划，并将保护经费列入本级财政预算。进一步拓宽经费渠道，创新投入方式，持续加大投入力度，建立财政保障的长效机制。普及并简化非物质文化遗产旅游品牌的商标注册及申请程序，依法保护知识产权，杜绝恶意侵占现象的发生。

（二）建立和完善政府采购制度

在对市场前景广阔的优秀非物质文化遗产产品及其传承人给予财政补贴的同时，逐步建立和完善政府采购制度，深入挖掘非物质文化遗产

产品的政务性需求。例如将优秀非物质文化遗产珍品作为各级各类博物馆、民俗馆的展品进行收藏；将传统技艺类非物质文化遗产产品作为外事活动中的馈赠礼品，一方面向世界宣传展示中国文化，另一方面帮助产品走向世界，拉动国外市场需求。操作过程中，应实行公平公开公正的招投标制度和第三方评估制度，避免出现暗箱操作等违法违规的现象。

（三）激活非政府组织和民间机构

在非物质文化遗产生产性保护过程中，商业界、学术界、新闻界的广泛参与是十分必要的。应积极探索，建立行业协会、民间保护组织、传承人专业联盟、非物质文化遗产保护基金会等组织机构，协调、整合各方力量，充分发挥民众在非物质文化遗产保护中的积极作用。创造条件，引导社会资金注入非物质文化遗产保护事业，鼓励企业承担非物质文化遗产项目的相关保护任务，创新形式广泛吸收社会各界捐助，加强科学监管力度，促进非物质文化遗产生产性保护事业的良性发展。

（四）加强知识产权保护

对于传承人（团体）来说，他们理所应当是司法上的权利主体，其对所持有的非物质文化遗产具有支配权、收益权、转让权等，对此他们无须支付任何费用；对于传承人以外的个人或组织，他们在利用非物质文化遗产时，必须尊重传承主体的要求进行使用，注明引用来源，必要时需要支付相应的费用，并在使用时不得妨碍持有者的利益。

1. 著作权（也称版权）。指作者及其他权利人对文学、艺术和科学作品享有的人身权和财产权的总称。[①]这种保护方式主要见于民俗、民歌、民间故事等，但在生产性非物质文化遗产保护过程中，也必须注重保护权利所有人或组织的著作权，如其所述或所著的秘方秘药、制作程序、原料采集等均应归于此类。

2. 商标权。大多数非物质文化遗产均有数十年甚至数百年的传承历史，在传承和运营过程中，因其优良品质和广泛的知名度，已树立起自己的品牌，深厚的文化底蕴和悠久的历史传承令其历久弥新，长盛不衰。其中，由商务部在全国范围内授予的“中华老字号”称号分量尤重。因此，要进一步加强对于非物质文化遗产中“注册商标”和“著名商标”的保护，杜绝假冒伪劣产品的出现。建议对于已被评为“中华老字号”的生产性非物质文化遗产，无须注册即可受到商标权保护，对于尚未参评的非物质文化遗产，应当酌情鼓励传承主体进行注册，并实施必要的保护。

3. 专利权。即发明创造人或其权利受让人对特定的发明创造在一定期限内依法享有的独占实施权，是知识产权的一种。我国于 1984 年公布专利法，1985 年公布该法的实施细则，对有关事项做了具体规定[②]，保护主体主要包括发明人、单位和受让人（即通过合同或继承而依法取得该专利权的单位或个人）。要重视对于具有一定保密性、独占性、创新性的非物

① 朱崇实:《经济法》，北京大学出版社 2011 年版。

② 词条解释来自“百度百科”。

质文化遗产机构或传承人的生产技艺和方式，进行专利权认证和保护。

二、加强理论建构，完善评定标准

（一）科学调研，规范评定标准

为解决当前非物质文化遗产保护工作中存在的“重申报，轻保护”状况，组织专家学者针对非物质文化遗产保护现状开展实地调研，总结分析非物质文化遗产项目及代表性传承人评审认定经验，探索更为科学、严谨的评审标准，建立更加规范有效的评审程序，对于不履行非物质文化遗产保护责任和义务的传承人及所在单位予以通报，必要时，可取缔“传承人”身份，建立“可进可退”“可上可下”的身份认定机制。敦促各级行政管理部门继续完善并修订相应的非物质文化遗产项目保护管理办法，促进非物质文化遗产评审认定工作科学有序开展。坚持“多措并举，积极创新”的工作原则，建立项目认定、管理和考核的长效机制。

（二）广纳才智，加强理论研究

组织专家进行项目调研论证，制定科学合理的非物质文化遗产生产性保护监督、管理、评价和激励政策，评选公布一批非物质文化遗产生产性保护示范基地，对口提供政策支持和资金扶持，科学促进保护工作的有序开展。

积极整合各类社会资源，充分发挥文化单位、科研机构、高等院校的学术优势，开展非物质文化遗产保护的学术性、理论性研究。在高校开设非物质文化遗产相关课程，普及非物质文化遗产保护基础知识。就非物质文化遗产保护重大理论与实践问题制定若干课题，组织有关学术力量研究攻关。重点开展非物质文化遗产保护、发展、传承等方面的研究，举办非物质文化遗产保护研讨活动，取得一批既有学术价值又具可操作性的研究成果。为进一步巩固非物质文化遗产保护成果，提升保护水平，广泛借鉴国外优秀非物质文化遗产保护经验的同时探索出一条具有中国特色的非物质文化遗产保护模式，力争在世界范围内形成积极影响。

三、优化机构设置，配齐专职人员

各级行政单位要完善非物质文化遗产管理人才培养机制，吸收新鲜血液进入非物质文化遗产保护一线工作，同时要在本级行政管理部门中挖掘一批具有基层工作经验并有志于从事非物质文化遗产保护工作的“老”同志。充分发挥机构编制职能和机构编制基础性作用，建设一支既有专业理论知识又有实干经验的人才队伍，从多个角度对非物质文化遗产工作加强定向保护利用。

重点关注非物质文化遗产保护事业中人才的培育、使用和奖励，充分重视优秀人才资源的挖掘与保护，大幅提高培训投入，切实加强人才梯队建设，建立健全人才评价与奖励机制。在中央及各级人民政府机构改革的背景下，大力推进文化行政部门主动加入改革行列，进一步强化改革之后文化行政部门所承担的非物质文化遗产保护职责。同时，在改革过程中，坚持以人为本，重点突破文化从业人员社会保障难题，完善和落实各项人员调配政策与财政投入渠道。

充分发挥文化和旅游部、各省、直辖市各级文化主管部门非物质文化遗产管理机构的行政管理职能和各非物质文化遗产学术机构的理论研究、业务指导职能。通过开展会议、调研及督查等多种形式，继续对各级非物质文化遗产保护体制机制和机构编制建设进行指导，不断加强非物质文化遗产保护专设机构和专业队伍建设。加强协调，打破部门限制和地域限制，改善行政部门交叉管理、政出多门的情况；整合部门资源，加强协作配合，实行各部门、各辖区联动，启动非物质文化遗产项目系统性和整体性的保护模式，建立长效保护机制。

第二节　企业运营方面

一、帮助企业进行基本建设

鼓励非物质文化遗产的技艺类项目开展连续性创作生产，将非遗产品与现代市场联系起来，进行产业经营，促进工艺传承的同时满足当代消费者追求个性和创意的审美需求，避免将非遗技艺束之高阁，变被动“输血”为主动“造血”，保证传承人及传承机构的存续和发展状态。在非物质文化遗产“原真性保护”的基础上，避免非物质文化遗产“生于民间，死于庙堂”。

当前，一些传承单位自主建设了非物质文化遗产传习所和博物馆，但高昂的土地使用成本和基础建设成本给传承人带来了沉重负担。针对这些积极主动修建博物馆的传承单位，政府可制订奖励办法和扶持措施，加强对重点项目的保护，集中力量办大事，重点扶持具有区域影响力和浓厚民族记忆的非物质文化遗产项目，避免资金零乱分散的“撒胡椒面式”保护。从规划项目用地和基础建设层面予以政策扶持，帮助传承人建立非物质文化遗产传习场地，创造授徒条件，扩大生产规模。

采访中我们发现，部分传承人认同自己的藏品属于国家和人民，愿意将其捐赠给国家。因此，可以考虑对愿意捐赠藏品的传承人或传承单位，由政府出资帮助其兴建博物馆，再由企业进行日常维护和管理经营，并及时建立信息公示和披露制度，加强社会和媒体监督，文旅、财政、监察、审计、规划部门按各自职责实施监督，防止挤占挪用，确保建设资金安全落地。

二、奖励复原或创新传统技艺

鼓励传承单位复原已失传的传统生产技艺，对于在保留核心技术基础上进行创新生产的传承人和传承单位予以奖励。在行业内建立“荣典制度”，表彰在传承技艺中做出突出贡献的单位和个人，通过新闻媒体和企业赞助吸引社会关注和支持，形成全社会尊重并喜爱非物质文化遗产技艺所有者的良好氛围。具体运作中，可借鉴“国家文化创新工程”“国家社科基金”等项目的运作方式，经过申报、评审、实施、验收四个程序，给予项目扶持。注意奖励办法真正落到实处，避免表面文章为立项而立项。

三、不同经营模式分类保护

对于濒危的、活态传承较为困难的、已远离民众视线的、暂未进入保护体制内确有保护利用价值的、缺乏市场适应力和竞争力的传统技艺类非物质文化遗产，应由政府主导，利用录音、录像及走访记录等方式整理分类，以图文和影音资料的形式进行记录保存，建立档案研究和保护工作室。同时，积极整合物质文化遗产与非物质文化遗产资源，按照非物质文化遗产资源分布状况，依托有关政策和财政支持，调动地方政府和社会积极性，建立专题博物馆、民俗博物馆等，通过各类博物馆、民俗馆、文化馆开展非物质文化遗产展示和宣传工作。

家庭作坊式分散运作的小型作坊生产单位，由于其获取信息通道不畅，缺乏有效市场供求信息，对于政策导向和出台的相关措施也不甚了解，可能导致其故步自封，逐渐被市场淘汰，既无生产积极性也无传承技艺的动力。针对这些小作坊，应发挥适度的聚群效应，运用现代产业要素和竞争需求促使他们重新投入生产，主动寻求市场价值。在非物质文化遗产项目聚集区或密集区，通过政府划拨地皮、统一规划，开展基础设施建设，并严格保证通过资质认定，以文化产业园、非遗小镇等形式建立联合保护区。推动关联性、共享性等非遗项目相互促进，集中力量强化企业核心技艺建设，将周边生产程序外包，统一运营，合力打造品牌。利用专业经营机构发布产品信息、洽谈国内外业务、承接合同订单、统一组织营销，创造集群效应。积极吸纳社会资本，扩大园区规模和商业价值。

对于已经具有规模化生产能力的经营机构，鼓励采取“公司＋基地＋农户”的经营模式，将原料收集采购、后期包装和物流等环节外包给当地农户或专业代加工企业，将生产力集中于核心技艺环节，既能节约宝贵的劳动力、减少周边环节的人工消耗、缩短生产周期、降低企业成本，又有助于解决当地人员就业问题，促进相关行业和地方经济的绿色循环发展。

四、企业内部分类保护

有些生产性非物质文化遗产企业既从事纯粹的传统手工艺类生产，又将传统技艺精髓引入现代工业化产品生产。例如，黄山徽字号雕刻有限公司，不仅有 50 多位手艺师傅组成的个性化高端产品线订制生产团队（产品从前期设计到打样，再到后期雕刻都是纯手工制作），也有百余工人操控的机械化生产流水线，批量生产价位相对低廉的装饰品和旅游纪念品。在全年 3000 万元左右的销售额中，两者分别占比三成和七成。

对于上述提及的企业内部不同的生产模式，应在科学分类的基础上区别对待：纯手工制品可依据相关保护标准进行政策倾斜和财政支持保障，而批量生产的工业化制品则不可与手工制品享受同等待遇，而是应顺应市场经济的规律，走市场化道路，鼓励各类传承机构和传承人在巩固自身实力的条件下主动参与市场竞争。

第三节　人员培养方面

生产性非物质文化遗产作为一种“活态的”“流变的”遗产，传承人在其中扮演的角色至关重要。正是一代又一代的“接力”，延续了中华优秀传统文化。也只有在坚持传统性、民族性的同时发挥主观能动性，根据现代社会人们情感表达的需要和外部环境的变换，创新顺应时代潮流的非遗表现形式，方能从根本上激活非物质文化遗产基因。在非物质文化遗产保护和发展过程中，要高度重视传承人的保护工作，只有保住了人，才能保住他们的珍贵手艺，才能让非物质文化遗产源远流长地传承下去。

以安徽省非物质文化遗产名录为例，中央财政从2008年起专门资助国家级非物质文化遗产项目代表性传承人每人每年8000元，2011年始，对传承人每年资助额增至1万元；安徽省文化厅、财政厅自2008年以来，连续下发文件，为全省范围内国家级、省级非物质文化遗产传承单位和传承人发放专项保护经费，并对徽州文化生态保护实验区建设提供专项扶持资金。为落实专项资金使用，安徽省黄山市文化委员会为国家级和省级非物质文化遗产项目代表性传承人建立详细的信息表，包括传承项目名称及内容、传承人联系方式、开户银行及卡号，确保补贴资金能够准确、快速地发放至每一位传承人的手中。

实际操作中，中国宣纸集团为留住一线生产工人，保持生产体系稳定，采取了一系列行之有效的措施，从目前情况来看，这些措施均取得了阶段性成果：改善工人待遇。集团连续多年提高一线生产工人工资，改善工作环境，提供生活设施较为齐备的职工宿舍和每顿五元的工作午餐，兴建相关的配套性基础设施，以此加强企业凝聚力。近年来，企业不仅在泾县当地树立了良好的形象，更是在宣纸生产业内打造了著名品牌——“红星宣纸”，无论是生产工艺还是企业文化建构，宣纸集团都是行业领军者，在宣纸集团工作的员工正是在企业文化的感召下始终坚持在生产一线。

考评、认定和聘用技艺优秀的手工艺员工为“宣纸技师”“高级技师”，授予他们不同等级的职称；根据工艺水平的高低，给予相应的工资待遇和精神表彰——“技师”称号拥有者每月可补贴一百元、“高级技师”称号拥有者每月可补贴两百元；提高“技师”在厂里的地位，调动一线生产工人提升自身工艺水平的积极性，形成工人之间争当“高级技师”的良性竞争氛围；效仿高校导师制度，创新“师傅带徒弟”的模式。根据每个师傅带徒的数量和徒弟的手艺水平，对师傅进行考核认定，在为师傅发放日常工资外，另外补发“授徒效益工资”，这种额外奖励机制有效推动了师授徒的自发性和积极性，形成了“传帮带”的良性循环。

在寻找理论依据、听取各方建议、总结实践经验后，建议从以下四个方面改进，维护一线生产人员梯队常态性及稳定性。

① 削减个人缴纳养老保险负担

现行的城镇企业职工基本养老保险（以下简称“城保”），费用来源一般由国家、企业或单位、个人三方共同负担，即企业按本企业职工上年度月平均工资总额的 20% 缴纳，职工个人按本人上年度月平均工资收入的 8% 缴纳。

以中国宣纸集团为例，目前一线工人工资平均每月为3000元，工人每月平均缴纳240元养老保险费。若实行国家帮个人买单，企业方面也多承担一部分的补贴政策，就能直接减免职工个人缴纳保险部分，实惠便可直接到达一线生产工人，减轻了工人负担。若支付比例变成企业缴纳22%，个人缴纳4%，国家缴纳64%，工人每月只需缴纳120元，那么工人实际到手的工资就相应增加了。

关于企业增加支付比例的原因，对于已经为职工购买养老保险的企业来说，小比例的增长幅度带来的负担并不重，在目前技术工人成为稀缺资源的状况下，为留住人才，企业也非常愿意提高员工待遇，此举既能防止某些企业为获取国家保险补贴经费虚报生产工人数量的情况，又避免了政府层面的支出增长幅度过大带来的财政压力。

值得注意的是，由于传统手工技艺类行业的员工多为农民，因此，非物质文化遗产企业职工养老保险可以考虑与新型农村社会养老保险制度相结合。在不违背现有养老保险基本原则的前提下，根据各地财政实力和当地非物质文化遗产保护发展情况，因地制宜，建立并完善适合生产性非物质文化遗产企业操作的职工养老保险体系。政府主管部门配合进行统计、审批、管理和后期监察等工作，确保优惠政策能够落地并发挥实效，帮助企业建立人才培养长效机制。

② 一线生产工人提前退休

由于传统技艺类非物质文化遗产项目生产多处山区或偏远地区，生产环境简陋，基于原真性传承的宗旨，现代技术设备参与度较低。工人长期进行艰苦的体力劳动，很多人都患有职业病。可考虑进行人性化管理，为一线工人（非行政工作人员）办理提前退休手续：男性从 60 岁提前到 55 岁，女性从 50 岁提前到 45 岁，让员工提前享受退休工人待遇。若退休后仍有意愿继续从事生产的工人，工厂在酌情考虑后可以返聘，退休工人在拿到正式工资的同时还可领取退休工资，企业若想长期留住人才就变得相对容易了。需要注意的是，为避免管理漏洞发生，必须要求生产工人达到一定工作年限（即实际工龄），并签订正式就业合同，方可享受提前退休优惠政策。

③ 完善手工艺工人再培养机制

为了在年轻群体中挖掘具有培养潜力的技术人才，多地职业技术院校开办了传统手工艺类专业，通过与当地非物质文化遗产生产企业协商沟通，以企业赞助、资助奖学金或助学金、签订定向就业合同等形式开展校企合作。例如，2007 年 12 月，经安徽省教育厅批准，安徽省行知中学成立歙县徽雕艺术学校，开设徽雕专业，培养徽雕人才，该校于 2009 年被评为“徽州文化生态保护实验区省级非物质文化遗产传习基地”；黄山市休宁县第一职业高中创办了全国首家“木工学校”，传授八仙桌、太师椅等徽派木工制作技艺，并为毕业生颁发“匠士”称号；宣城市泾县职业高中与中国宣纸集团合作，开设“宣纸工艺”专业课程班，定期招生，定向培养，为集团输送了大批技术人才。

为鼓励学生夯实自身技艺，建议设立“非物质文化遗产传承人荣典制度”，组织技能评比，在行业内形成互相比较、相互竞争的良好态势，优化传承人梯队建设，解决传统技艺高品质传承和保护的难题。同时，通过对技艺大赛的宣传报道，让非遗保护意识、非遗产品的价值得到传播，从而提高传承人的社会地位和社会价值，提高传承人的社会地位，让非遗项目贴近生活，融入生活。具体操作过程中，通过设立“最佳技艺大师”“最佳新人奖”“最佳传承单位”等奖项，鼓励师傅不断创新技艺，对传承人和其所带徒弟的作品进行评比。通过徒弟获奖证明师傅的实力，师傅也可由此选定接班人并全心栽培，将技艺一代代传承下去。宣传展示方面，可联系媒体，借助各种传播渠道开展专题和追踪报道，扩大非遗项目的知晓度，激发全社会对非遗项目的关注度和参与度，同时可吸纳社会资本对技艺大赛进行赞助，充实项目运行资金。

④ 传承人补贴措施

当前，各地政府都力争改善非物质文化遗产传承人的生产生活环境，积极为传承人解决实际难题，为他们提供授艺场所、资金补贴，统一组织展览和销售。中央财政从 2008 年起资助国家级非物质文化遗产项目代表性传承人每人每年 8000 元，2011 年始，对传承人每年资助额增加到了 1 万元。应关注的是，在实际操作过程中不能简单地将资金直接拨付后就截止，而应通过测评、抽查、暗访等形式，监督传承人是否将补助金确实用于开展传承和生产。

区别于剪纸、医术等个人就能代表一项技艺的非物质文化遗产项目，有些复杂的、工程浩大的项目，不能通过某一传承人单独完成，例如宣纸制作的上百道工序，需要多人共同合作（宣纸集团目前拥有 1200 名员工，其中 800 名为生产工人），从某种意义上来说，这 800 名员工都是传承人。对于技艺特别突出的领衔传承人，可纳入“代表性传承人”行列，由政府对其生产、传承、授徒、展演等活动给予津贴、生活补助、荣誉称号；对于必须通过集体传承的非物质文化遗产项目，同样需要细化补贴办法，根据各工序难易程度和工人技艺水平，建立不同的补贴标准开展传承人保护工作。

第四节　原材料供应方面

“巧妇难为无米之炊”，只有在源头上保证生产原料的供给才能实现非物质文化遗产保护性生产的目标。对于可通过种植和养殖取得的原料，各级政府要从当地自然环境和经济实力出发，因地制宜，对原材料集中产出地区进行整体性保护，并加强产地周边生态环境的保护，禁止作为工业开发和商业用地使用，采用多种方式进行原料保护性开发，企业应有计划地开采使用，确保生产原料使用的长期性和持续性。通过提高收购价格、扩大原料采集渠道，在条件允许的情况下进行人工研制开发，培育可替代性材料；对于不可再生资源，由政府宏观管理、企业积极配合，制定长远发展规划，有计划地开采使用，并以科学、高效、集约、节约的原则杜绝浪费和过度开采现象，从源头上保障非物质文化遗产生产的上游供给，实现可持续性发展。

例如，宣纸产自安徽省泾县西南方小岭一带，当地独特的喀斯特地貌为青檀树提供了优越的生长环境，长江中下游冲积平原尤其适宜长秆水稻的生长，丰富的青檀树和水稻秸秆成为宣纸制造的优质原料；其次，泾县常年雨水丰润，四季分明，光照资源丰富，有利于宣纸制造中对水源和阳光的需求。境内河湖众多，特别是乌溪上游的两条溪流，一条水质呈淡酸性，适宜原料加工制造，一条呈弱碱性，适宜制纸用水。这些自然和地理条件为宣纸生产创造了天然优渥的条件。此外，捞制制作工序中的必备工具——竹帘，直接决定着纸质好坏，必须选用上等毛竹编制竹帘，而泾县境内及周边地区大量产出一种苦竹，这种竹子足以长至两丈有余，竹笋苦涩不可食用，但竹子的骨节较长，纹理细密，质地疏松，易于剖开，因此，利用这种竹子制成的竹帘在涂上土漆之后，不易腐烂，也不吃水，价格低廉。但是，青檀皮和长秆水稻的采集和种植经济效益差，近几年来，原材料供给出现危机。为保障宣纸原材料的保质保量供应，促进宣纸产业的可持续发展，宣纸集团自主建设了宣纸原料基地，专门用于原料的种植和加工，总投资额 1300 万元，其中，政府财政 900 万元，项目征地 200 亩，建设石滩近 14 万平方米，厂房 5000 平方米，并购置新式蒸锅、黑液收集处理设施等设备。基地建成后可年产燎草 60 万斤，缓解宣纸生产原材料紧张的状况。

第五节　对财政支持与保障标准的政策建议

截至 2011 年，中央财政累计投入非物质文化遗产保护专项资金 14.99 亿元，但是由于还未实现合理科学的财政保障标准，政府财政对生产性非物质文化遗产项目的扶持并未达成预期效果。财政支持生产性非物质文化遗产发展，不仅要遵循一定的发展路径，完善现有的法律法规体系，还需建立经费保障、资源配置、激励监督等配套机制，以实现公平高效的保护和发展目标。

一、加大财政投入力度，改革投入方式

不断加大对生产性非物质文化遗产项目传承人、传承单位和相关行政管理机构的财政投入，建立长效增长机制。根据各地经济实力和非物质文化遗产实际保护利用情况，制定政府相关政策条例，将非物质文化遗产保护经费的增长幅度与地方财政经常性收支或城镇居民人均可支配收入增幅挂钩。通过开展实地调研，因地制宜地确立财政支持生产性非物质文化遗产发展的中长期计划，不断增加保护经费在财政总支出中的比重，建立健全保护经费的稳定性、常态性增长机制。

根据公共财政的基本供给范围和资金运行效率，变革对非物质文化遗产生产性保护的投入方式。在保障国家对非物质文化遗产传承人和传承单位投入不断增长的基础上，逐步减少固定投入比例，增加动态投入比例，变一般投入为项目投入，提高资金使用效率。基于我国非物质文化遗产数量多、分布广、行业差距大的特点，实事求是，针对不同的非物质文化遗产项目创新保护模式，对中西部地区和偏远山区，尤其要通过转移支付的方式，给予适当的政策倾斜。

在为一线生产工人制定补贴金额时，可根据企业年生产量倒推，核

实一线生产工人数量，发起定向补贴。传承机构和传承人所在地的税务部门可根据生产经营中纳税情况，核算其真实年产量，并在确定后，根据该生产品种的产出率、运营成本、人员投入等进行精确核算，测出生产原料和生产人员的实际情况。

以宣纸集团为例：

根据泾县地方税务局统计，宣纸集团年产宣纸 620 吨，按平均每吨 400 刀计算，年产宣纸 25 万刀，一年常规生产日 220 天，折合每天平均产量 1000 刀左右。根据以往统计数据，每个捞纸槽日均产量 13 刀，因此可计算出实际投入生产的纸槽数量为 1000（刀）÷13（刀）=77（个）；此外，宣纸生产行业一般生产工序配备为：捞纸工 2 人，晒纸工 2 人，剪纸工 1 人，还有其他辅助工种，如漂皮、蒸煮等（其中部分工种可相互协作），平均下来每槽有 12 名生产工人。那么实际从事生产的工人数量为 12（人）×77（个槽）=924（人），即补贴资金最终约发放给 924 位生产工人。这种按照实际产量倒推一线生产工人数量，依此确定补贴和补助金额的方式，或可基本保证资金计量、审批、批复的准确性和可行性。

值得注意的是，政府作为非物质文化遗产保护事业“主导”身份的同时，要避免违背市场经济规律，对企业发展的过度干预，也要规避企业对政府财政投入的过度依赖。因此，拓宽企业投融资渠道，引导社会资本以多种形式参与，支持非物质文化遗产企业的发展也是良策之一。适当时，可根据“社会收益最大化、提高产业素质、提升国际竞争力和促进产业良性循环”的原则，在清理整顿散置的基金会和行业协会的同时，设立国家非物质文化遗产保护发展基金，用于国家倡导、扶持和重点资助的非物质文化遗产传承人和传承单位，基金来源可包括政府的专项拨款、对文化产品和文化服务征收的文化事业建设费、社会各界对非物质文化遗产事业的捐赠等①，其中政府财政拨款应作为主要形式。同时，设立专门的监管机构对基金运营进行科学管理，制定规范的使用和管理办法，专项资金的使用决策应以评审委员会投票的方式进行，委员会成员除有关政府官员外，还应包括相当比例的专家和社会力量。

二、构建科学的预算及审计监督体系

由于中央和地方的部分事权、财权未明确划分，存在权力交叉重叠区域，容易造成预算过程和政治过程的依附性和非理性建构。因此，在施行政府财政预算编制采用的“增量模式”时，或可适度结合“零基模式”编制预算，提高预算的科学性和严密性。此外，每年按照预算年度内所有因素和事项的轻重缓急程度测算每一类目和款项的支出需求；在预算执行上硬化预算约束，增强预算的严谨性，预算确定后不得随意调整或追加，除突发性事件造成的必需开支需按有关程序报批外，当年其他支出财政不予追加，推至下一年度考虑；在预算资金控制上实行集中统一管理，提高资金统筹调度的主动性。实行银行账户审批、登记、建档制度，各项资金和财务统一归口管理，财政部门内部实行财政性资金

① 蔺光：《公益性文化事业建设的探索与思考》，《理论界》2008 年第 4 期。

统一账户管理。探索不同的资金拨付办法，对本级财政人员工资开支实行银行代发制度，以减少资金的拨付环节并保证工资的按时发放；对公用经费和专项资金采取政府采购方式，确保财政资金效益。

审计环节在实际工作中时有“内部审计”的情况，无法有效地监督管理预算编制及执行情况。因此，为保证审计过程和结果的公正、客观，可采取外部独立审计方式，审计部门直接对立法机关负责，保证廉洁公正，维护财政资金的严肃高效。在对投入结果进行评测审计时，或可将审计职能从文化系统独立到专业会计核算机构，相关财政、监察、审计部门要各司其职实施监督。同时，为保护群众的知情权（预算透明度），防止挤占、挪用专项资金的情况，可设立纪律“高压线”，同时建立公示和信息披露制度，加强新闻媒体和社会舆论监督。

三、完善财税政策，拓宽企业投融资渠道

政府根据生产性非物质文化遗产项目的特点，积极发挥财政引导作用，运用市场准入、资格认定、价格调节、税收优惠、财政补贴、小额信贷等方式，进一步拓宽融资渠道，积极推进非公有资本进入非遗保护领域，激发社会力量，完善非遗保护体系，弥补公共资源及政府服务的缺项，实现投资主体多元化。

（一）金融方面

对于部分非物质文化遗产生产性企业经营面临困难，融资渠道狭窄

等问题，由政府出台相关金融扶持措施，通过加强商业银行对企业的信贷支持、拓宽企业融资渠道、完善金融监管和规范民间借贷等方式，加强对生产性非物质文化遗产的金融服务，加大对符合国家产业和环保政策、能够吸纳就业的生产性非物质文化遗产企业的支持力度，引导和帮助企业稳健经营、增强盈利能力和发展后劲，帮助非物质文化遗产企业顺利进行投融资，从源头上改善生产性非物质文化遗产企业面临的融资难问题。

政府要用其“中间人”身份，帮助企业搭建与金融机构沟通了解、建立信任的平台，解决双方信息不对称带来的贷款难问题。首先，各级金融机构和政府管理部门之间加强沟通协作，通过渐进式的制度松绑，弥合银行风险收益间的不对称；其次，现有金融机构尤其是国有商业银行实行公司化转换，不断提高风险定价能力。[①] 培育多层次的融资体系和资产转换渠道，例如组建适合生产性非遗产品的文化产权交易所，在条件允许时，开展无形资产和知识产权的评估及交易，帮助宝贵的生产技术和知识产权等通过质押、变现和产权转让等方式，转化成有价的资产与资本如风险投资、私募基金、合作基金等。

此外，商业银行等金融服务机构降低对非物质文化遗产企业的收费，取消企业贷款发生的承诺费、资金管理费、财务顾问费、咨询费等费用，适当提高对小型非物质文化遗产企业贷款不良率的容忍度。针对

---

① 《三大原因促地下钱庄“应运而生” 收编谈何容易》，天涯博客，http://blog.tianya.cn/blogger/post_read.asp?blogid=62146&postid=3758973。

生产机构规模普遍较小、固定资产少，没有能力以厂房、土地、固定资产来进行抵押的现状，商业银行或可拓宽抵押形式，考虑以商标、技术、专利等无形资产进行贷款抵押，必要时可由当地政府提供贷款担保，帮助非物质文化遗产小企业顺利融资；针对当前中小企业贷款利率偏高的问题，商业银行或可对具有发展潜力的传承机构降低放款利率，相关管理部门可通过审核企业资质、传承历史、商业价值做出评估，简化贷款审批手续，并通过贴息和中长期贷款形式扶持此类非物质文化遗产企业发展。

（二）税收方面

生产性非物质文化遗产行业的外部性、效用难以衡量性以及需求多样性是政府利用税收手段介入的理论依据。显而易见，对非物质文化遗产生产性企业保护见效最快的就是减免税收这项措施，因此，或可出台并落实相关的税收优惠政策，给予纳税人税收优惠待遇，包括提高起征点、税收扣除、税额减免、优惠退税、盈亏互抵、税收抵免、税收饶让、税收递延、加速折旧①、增值税优惠、营业税优惠、特别税收优惠等形式。

根据《财政部、海关总署、国家税务总局关于支持文化企业发展若干税收政策问题的通知》，或可考虑参照政府划定的“文化企业”范围，将部分符合条件的生产性非物质文化遗产机构纳入“文化企业”行列，享受文化企业的相关政策优惠。在鼓励非物质文化遗产产品走出国门、

① 马骏，王浦劬，谢庆奎，肖滨：《呼吁公共预算》，中央编译出版社 2008 年版。

销往海外的过程中，落实产品出口退税相关办法，为企业所缴纳的增值税、消费税办理出口退税或免税。鉴于非物质文化遗产企业多使用农副产品作为生产原料，且属劳动密集型企业的实际情况，需将他们与普通工业化、机械化生产企业区分开来，从税收层面对生产性非物质文化遗产企业进行保护。对积极传承保护非物质文化遗产传统技艺、在保留核心技艺基础上开发应用新技术、新工艺的传承人和传承单位给予税收优惠；对非物质文化遗产传承单位纳税确有困难的，按照当地税收管理权限给予减征或免征房产税、城镇土地使用税等。

除了在税法和征收管理办法相关条例的框架内进行修改、贴合的方法外，可针对生产性非遗企业的特点，在切实考虑传承人和传承单位特殊要求的基础上，建立对口支援的专项税收优惠政策，消解传承单位生产顾虑，帮助传承人建立技艺传承的信心，从而拓宽产品销路、提升产品经济价值。

四、在合理划分事权的基础上确立财政责任

建立中央、省、市、县四级财政分担体系。为了尽可能做到财权、事权的统一，建立以中央财政和省级财政为主导，市县级财政为辅助系统的非物质文化遗产保护专项资金支出体系。根据我国的实际情况和各地财政状况，制定适宜的非物质文化遗产财政扶持支出比例，在市、县级财政无力提供援助时，中央、省级政府可通过转移支付的形式弥补缺口，确保生产性非物质文化遗产专项保护经费落到实处。

结论

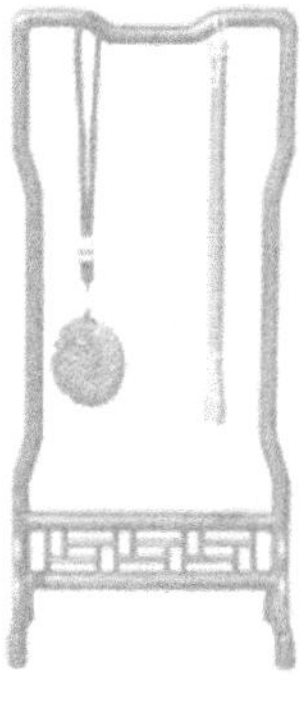

根据实地调研和后期数据分析，可以看出目前我国生产性非遗业态正沿着科学规划、合理利用的轨道发展，在“文化大发展大繁荣”的格局中，非遗项目的产业性开发符合国家促进文化产业发展的趋势。因此，在非遗保护过程中，坚守原则锤炼传统技艺，开拓思路融入现代产业经营机制是大势所趋，“边保护边开发”是各地非遗保护行政单位和企业及传承人的共同责任所在。

纵观全国，非遗项目种类丰富、各项目间领域跨度较大，这种多维度和广泛性加大了保护工作的难度，不同项目间的不可复制性决定了我们无法制定一套“万能”的生产性保护模式，也不可能走某种绝对意义上的必由之路。行政部门作为决策部门和监管部门，不能一味认可某一种单一生产模式而否定其他生产模式，而是要在了解各种模式优劣的基础上，进行互补互助，充分发挥各家所长，找到最适宜非遗生产性保护的路径。

各级行政主管部门在制定保护政策过程中应充分考虑各地具体情势，结合已有的财政补贴政策和文化发展政策，在纵向和横向的比较中不断完善保障体制机制，强化专业管理人员培养，创造条件帮助企业进行融资和市场推广；非遗生产单位应充分发挥自身优势，注重核心传统技艺的保存，不断培养新人，建立中坚技术团队，同时要不断学习市场经营新理念，借力政府提供的帮扶资源挖掘发展潜力。

要以科学发展观为统领，遵从统筹协调的原则，在财政体制改革范畴内，充分发挥收入、支出、管理、监督等财政职能的协调作用，系统理顺财政投入与生产性非遗保护的关系，全面整合资源，改善政出多门、投入分散、分配不均、效率低下的局面，建立健全生产性非遗发展系统的、主动的、引导的财政支持体制机制，避免财政资金缺位越位、管理混乱失序、收支关系脱节的现象。确立一套现实可操作的管理工具，计量生产性非遗财政投入，以统一方法和口径进行计算，以统一标准推动建构科学的预测评估体系，在统计数据无法量化的情况下，根据以往经验并参照相关研究理论进行合理估算。行政管理部门要开展广泛的部际协商合作，加强沟通和探讨，共同努力使非遗生产性保护结果与目标的偏离最小化。

附 录

附录一

国务院办公厅关于加强我国非物质文化遗产保护工作的意见

国办发〔2005〕18号

各省、自治区、直辖市人民政府，国务院各部委、各直属机构：

我国是一个历史悠久的文明古国，不仅有大量的物质文化遗产，而且有丰富的非物质文化遗产。党和国家历来重视文化遗产保护，弘扬优秀传统文化，为此做了大量工作并取得了显著成绩。但是，随着全球化趋势的增强，经济和社会的急剧变迁，我国非物质文化遗产的生存、保护和发展遇到很多新的情况和问题，面临着严峻形势。为贯彻落实党的十六大有关扶持对重要文化遗产和优秀民间艺术的保护工作的精神，履行我国加入联合国教科文组织《保护非物质文化遗产公约》的义务，经国务院同意，现就进一步加强我国非物质文化遗产保护工作，提出以下意见：

一、充分认识我国非物质文化遗产保护工作的重要性和紧迫性

非物质文化遗产是各族人民世代相承、与群众生活密切相关的各种传统文化表现形式和文化空间。非物质文化遗产既是历史发展的见证，又是珍贵的、具有重要价值的文化资源。我国各族人民在长期生产生活实践中创造的丰富多彩的非物质文化遗产，是中华民族智慧与文明的结晶，是连结民族情感的纽带和维系国家统一的基础。保护和利用好我国非物质文化遗产，对落实科学发展观，实现经济社会的全面、协调、可持续发展具有重要意义。

非物质文化遗产与物质文化遗产共同承载着人类社会的文明，是世界文化多样性的体现。我国非物质文化遗产所蕴含的中华民族特有的精神价值、思维方式、想象力和文化意识，是维护我国文化身份和文化主权的基本依据。加强非物质文化遗产保护，不仅是国家和民族发展的需要，也是国际社会文明对话和人类社会可持续发展的必然要求。

随着全球化趋势的加强和现代化进程的加快，我国的文化生态发生了巨大变化，非物质文化遗产受到越来越大的冲击。一些依靠口授和行为传承的文化遗产正在不断消失，许多传统技艺濒临消亡，大量有历史、文化价值的珍贵实物与资料遭到毁弃或流失境外，随意滥用、过度开发非物质文化遗产的现象时有发生。加强我国非物质文化遗产的保护已经刻不容缓。

二、非物质文化遗产保护工作的目标和方针

工作目标：通过全社会的努力，逐步建立起比较完备的、有中国特色的非物质文化遗产保护制度，使我国珍贵、濒危并具有历史、文化和科学价值的非物质文化遗产得到有效保护，并得以传承和发扬。

工作指导方针：保护为主、抢救第一、合理利用、传承发展。正确处理保护和利用的关系，坚持非物质文化遗产保护的真实性和整体性，在有效保护的前提下合理利用，防止对非物质文化遗产的误解、歪曲或滥用。在科学认定的基础上，采取有力措施，使非物质文化遗产在全社会得到确认、尊重和弘扬。

工作原则：政府主导、社会参与，明确职责、形成合力；长远规划、分步实施，点面结合、讲求实效。

三、建立名录体系，逐步形成有中国特色的非物质文化遗产保护制度

认真开展非物质文化遗产普查工作。要将普查摸底作为非物质文化遗产保护的基础性工作来抓，统一部署、有序进行。要在充分利用已有工作成果和研究成果的基础上，分地区、分类别制订普查工作方案，组织开展对非物质文化遗产的现状调查，全面了解和掌握各地各民族非物质文化遗产资源的种类、数量、分布状况、生存环境、保护现状及存在问题。要运用文字、录音、录像、数字化多媒体等各种方式，对非物质文化遗产进行真实、系统和全面的记录，建立档案和数据库。

建立非物质文化遗产代表作名录体系。要通过制定评审标准并经过科学认定，建立国家级和省、市、县级非物质文化遗产代表作名录体系。国家级非物质文化遗产代表作名录由国务院批准公布。省、市、县级非物质文化遗产代表作名录由同级政府批准公布，并报上一级政府备案。

加强非物质文化遗产的研究、认定、保存和传播。要组织各类文化单位、科研机构、大专院校及专家学者对非物质文化遗产的重大理论和实践问题进行研究，注重科研成果和现代技术的应用。组织力量对非物质文化遗产进行科学认定，鉴别真伪。经各级政府授权的有关单位可以征集非物质文化遗产实物、资料，并予以妥善保管。采取有效措施，防止珍贵的非物质文化遗产实物和资料流出境外。对非物质文化遗产的物质载体也要予以保护，对已被确定为文物的，要按照《中华人民共和国文物保护法》的相关规定执行。充分发挥各级图书馆、文化馆、博物馆、科技馆等公共文化机构的作用，有条件的地方可设立专题博物馆或展示中心。

建立科学有效的非物质文化遗产传承机制。对列入各级名录的非物质文化遗产代表作，可采取命名、授予称号、表彰奖励、资助扶持等方式，鼓励代表作传承人（团体）进行传习活动。通过社会教育和学校教育，使非物质文化遗产代表作的传承后继有人。要加强非物质文化遗产知识产权的保护。研究探索对传统文化生态保持较完整并具有特殊价值的村落或特定区域，进行动态整体性保护的方式。在传统文化特色鲜明、具有广泛群众基础的社区、乡村，开展创建民间传统文化之乡的活动。

四、加强领导，落实责任，建立协调有效的工作机制

要发挥政府的主导作用，建立协调有效的保护工作领导机制。由文化部牵头，建立中国非物质文化遗产保护工作部际联席会议制度，统一协调非物质文化遗产保护工作。文化行政部门与各相关部门要积极配合，形成合力。同时，广泛吸纳有关学术研究机构、大专院校、企事业单位、社会团体等各方面力量共同开展非物质文化遗产保护工作。充分发挥专家的作用，建立非物质文化遗产保护的专家咨询机制和检查监督制度。

地方各级政府要加强领导，将保护工作列入重要工作议程，纳入国民经济和社会发展整体规划，纳入文化发展纲要。加强非物质文化遗产保护的法律法规建设，及时研究制定有关政策措施。要制定非物质文化遗产保护规划，明确保护范围、保护措施和目标。中国民族民间文化保护工程是非物质文化遗产保护工作的重要组成部分，要根据其总体规划，有步骤、有重点地循序渐进，逐步实施，为创建中国特色的非物质文化遗产保护制度积累经验。

各级政府要不断加大非物质文化遗产保护工作的经费投入。通过政策引导等措施，鼓励个人、企业和社会团体对非物质文化遗产保护工作进行资助。要加强非物质文化遗产保护工作队伍建设。通过有计划的教育培训，提高现有人员的工作能力和业务水平；充分利用科研院所、高等院校的人才优势和科研优势，大力培养专门人才。

要充分发挥非物质文化遗产对广大未成年人进行传统文化教育和爱国主义教育的重要作用。各级图书馆、文化馆、博物馆、科技馆等公共文化机构要积极开展对非物质文化遗产的传播和展示。教育部门和各级各类学校要逐步将优秀的、体现民族精神与民间特色的非物质文化遗产内容编入有关教材，开展教学活动。鼓励和支持新闻出版、广播电视、互联网等媒体对非物质文化遗产及其保护工作进行宣传展示，普及保护知识，培养保护意识，努力在全社会形成共识，营造保护非物质文化遗产的良好氛围。

附录二

中共中央办公厅国务院办公厅印发《关于进一步加强非物质文化遗产保护工作的意见》

非物质文化遗产是中华优秀传统文化的重要组成部分，是中华文明绵延传承的生动见证，是连结民族情感、维系国家统一的重要基础。保护好、传承好、利用好非物质文化遗产，对于延续历史文脉、坚定文化自信、推动文明交流互鉴、建设社会主义文化强国具有重要意义。党和政府高度重视非物质文化遗产保护工作，特别是党的十八大以来，在以习近平同志为核心的党中央坚强领导下，我国非物质文化遗产保护工作取得显著成绩。为进一步加强非物质文化遗产保护工作，现提出如下意见。

一、总体要求

（一）指导思想。以习近平新时代中国特色社会主义思想为指导，深入贯彻党的十九大和十九届二中、三中、四中、五中全会精神，坚持以社会主义核心价值观为引领，坚持创造性转化、创新性发展，坚守中华文化立场、传承中华文化基因，贯彻“保护为主、抢救第一、合理利用、传承发展”的工作方针，深入实施非物质文化遗产传承发展工程，切实提升非物质文化遗产系统性保护水平，为全面建设社会主义现代化国家提供精神力量。

（二）工作原则。坚持党对非物质文化遗产保护工作的领导，巩固党委领导、政府负责、部门协同、社会参与的工作格局；坚持马克思主义祖国观、民族观、文化观、历史观，铸牢中华民族共同体意识；坚持以人民为中心，着力解决人民群众普遍关心的突出问题，不断增强人民群众的参与感、获得感、认同感；坚持依法保护，全面落实法定职责；坚持守正创新，尊重非物质文化遗产基本内涵，弘扬其当代价值。

（三）主要目标

到 2025 年，非物质文化遗产代表性项目得到有效保护，工作制度科学规范、运行有效，人民群众对非物质文化遗产的参与感、获得感、认同感显著增强，非物质文化遗产服务当代、造福人民的作用进一步发挥。

到 2035 年，非物质文化遗产得到全面有效保护，传承活力明显增强，工作制度更加完善，传承体系更加健全，保护理念进一步深入人心，国际影响力显著提升，在推动经济社会可持续发展和服务国家重大战略中的作用更加彰显。

二、健全非物质文化遗产保护传承体系

（四）完善调查记录体系。开展全国非物质文化遗产资源调查，完善档案制度，加强档案数字化建设，妥善保存相关实物、资料。实施非物质文化遗产记录工程，运用现代科技手段，提高专业记录水平，广泛发动社会记录，对国家级非物质文化遗产代表性项目和代表性传承人进行全面系统记录。加强对全国非物质文化遗产资源的整合共享，进一步促进非物质文化遗产数据依法向社会开放，进一步加强档案和记录成果的社会利用。

（五）完善代表性项目制度。构建更加科学、合理的代表性项目分类体系。健全国家、省、市、县代表性项目名录体系。加强代表性项目存续状况评估，建立动态调整机制。夯实代表性项目保护单位责任，加强绩效评估和动态管理。加强与代表性项目相关的文化空间保护。积极做好联合国教科文组织非物质文化遗产名录项目的申报和履约工作。

（六）完善代表性传承人制度。健全国家、省、市、县代表性传承人认定与管理制度，以传承为中心审慎开展推荐认定工作。对集体传承、大众实践的项目，探索认定代表性传承团体（群体）。加强对代表性传承人的评估和动态管理，完善退出机制。实施中国非物质文化遗产传承人研修培训计划，进一步提升传承人技能艺能。加强传承梯队建设，促进传统传承方式和现代教育体系相结合，拓宽人才培养渠道，不断壮大传承队伍。

（七）完善区域性整体保护制度。将非物质文化遗产及其得以孕育、发展的文化和自然生态环境进行整体保护，突出地域和民族特色，继续推进文化生态保护区建设，落实有关地方政府主体责任。促进文化生态保护区建设与国家文化公园建设有效衔接，提高区域性整体保护水平。挖掘中国民间文化艺术之乡、中国传统村落、中国美丽休闲乡村、全国乡村旅游重点村、历史文化名城名镇名村、全国“一村一品”示范村镇中的非物质文化遗产资源，提升乡土文化内涵，建设非物质文化遗产特色村镇、街区。加强新型城镇化建设中的非物质文化遗产保护，全面推进“非遗在社区”工作。

（八）完善传承体验设施体系。在现有基础上，统筹建设利用好国家非物质文化遗产馆，鼓励有条件的地方建设非物质文化遗产馆、推动国家级非物质文化遗产代表性项目配套改建新建传承体验中心，形成包括非物质文化遗产馆、传承体验中心（所、点）等在内，集传承、体验、教育、培训、旅游等功能于一体的传承体验设施体系。鼓励社会力量兴办传承体验设施。研究完善非物质文化遗产馆管理制度，建立非物质文化遗产馆备案和评估定级制度。

（九）完善理论研究体系。统筹整合资源，加强国家非物质文化遗产专业研究力量，建设一批国家级非物质文化遗产研究基地。围绕国家重大战略、重大文化工程中涉及非物质文化遗产的重大问题等，建立多学科研究平台。加强非物质文化遗产重点实验室建设。提高非物质文化遗产学术期刊质量，加强非物质文化遗产相关出版工作。定期举办中国非物质文化遗产保护年会、学术会议。

三、提高非物质文化遗产保护传承水平

（十）加强分类保护。阐释挖掘民间文学的时代价值、社会功用，创新表现方式。提高传统音乐、传统舞蹈、传统戏剧、曲艺、杂技的实践频次和展演水平，深入实施戏曲振兴工程、曲艺传承发展计划，加大对优秀剧本、曲本创作的扶持力度，增强表演艺术类非物质文化遗产的生命力。推动传统体育、游艺纳入全民健身活动。继续实施中国传统工艺振兴计划，加强各民族优秀传统手工艺保护和传承，推动传统美术、传统技艺、中药炮制及其他传统工艺在现代生活中广泛应用。将符合条件的传统工艺企业列入中华老字号名录，支持符合条件的传统医药类非物质文化遗产代表性传承人依法取得医师资格。丰富传统节日、民俗活动的内容和形式，深入实施中国传统节日振兴工程。

（十一）融入国家重大战略。加强京津冀协同发展、长江经济带发展、粤港澳大湾区建设、长三角一体化发展、黄河流域生态保护和高质量发展、推进海南全面深化改革开放等国家重大战略中的非物质文化遗产保护传承，建立区域保护协同机制，加强专题研究，举办品牌活动。加大对黄河流域丰富多样非物质文化遗产资源的传承利用。在雄安新区、北京城市副中心以及国家文化公园建设中，加强非物质文化遗产保护传承，生动呈现中华文化独特创造、价值理念和鲜明特色，实现可持续发展。在实施乡村振兴战略和新型城镇化建设中，发挥非物质文化遗产服务基层社会治理的作用，将非物质文化遗产保护与美丽乡村建设、农耕文化保护、城市建设相结合，保护文化传统，守住文化根脉。

（十二）促进合理利用。在有效保护前提下，推动非物质文化遗产与旅游融合发展、高质量发展。深入挖掘乡村旅游消费潜力，支持利用非物质文化遗产资源发展乡村旅游等业态，以文塑旅、以旅彰文，推出一批具有鲜明非物质文化遗产特色的主题旅游线路、研学旅游产品和演艺作品。支持非物质文化遗产有机融入景区、度假区，建设非物质文化遗产特色景区。鼓励合理利用非物质文化遗产资源进行文艺创作和文创设计，提高品质和文化内涵。利用互联网平台，拓宽相关产品推广和销售渠道。鼓励非物质文化遗产相关企业拓展国际市场，支持其产品和服务出口。

（十三）加强革命老区、民族地区、边疆地区、脱贫地区非物质文化遗产保护传承。建立东中西部地区非物质文化遗产保护协作机制，鼓励东部地区加强对中西部地区的协作帮扶。加强革命老区非物质文化遗产保护，鼓励传承人创作以红色文化为主题的作品。坚持以铸牢中华民族共同体意识为主线，促进各民族非物质文化遗产保护传承，树立和突出各民族共享的中华文化符号和中华民族形象。开展边疆地区非物质文化遗产资源调查。推动与周边国家开展联合保护行动。加大对脱贫地区非物质文化遗产保护的专业支持，进一步推动非物质文化遗产助力乡村振兴，鼓励建设非物质文化遗产就业工坊，促进当地脱贫人口就业增收。

四、加大非物质文化遗产传播普及力度

（十四）促进广泛传播。适应媒体深度融合趋势，丰富传播手段，拓展传播渠道，鼓励新闻媒体设立非物质文化遗产专题、专栏等，支持加强相关题材纪录片创作，办好有关优秀节目，鼓励各类新媒体平台做好相关传播工作。利用文化馆（站）、图书馆、博物馆、美术馆等公共文化设施开展非物质文化遗产相关培训、展览、讲座、学术交流等活动。在传统节日、文化和自然遗产日期间组织丰富多彩的宣传展示活动。加强专业化、区域性非物质文化遗产展示展演，办好中国非物质文化遗产博览会、中国成都国际非物质文化遗产节等活动。

（十五）融入国民教育体系。将非物质文化遗产内容贯穿国民教育始终，构建非物质文化遗产课程体系和教材体系，出版非物质文化遗产通识教育读本。在中小学开设非物质文化遗产特色课程，鼓励建设国家级非物质文化遗产代表性项目特色中小学传承基地。加强高校非物质文化遗产学科体系和专业建设，支持有条件的高校自主增设硕士点和博士点。在职业学校开设非物质文化遗产保护相关专业和课程。加大非物质文化遗产师资队伍培养力度，支持代表性传承人参与学校授课和教学科研。引导社会力量参与非物质文化遗产教育培训，广泛开展社会实践和研学活动。建设一批国家非物质文化遗产传承教育实践基地。鼓励非物质文化遗产进校园。

（十六）加强对外和对港澳台交流合作。配合重要活动、节庆、会议等，举办对外和对港澳台非物质文化遗产交流传播活动。加强与联合国教科文组织等国际组织在非物质文化遗产领域的合作，拓展政府间多边、双边合作渠道，加强与共建“一带一路”国家和地区非物质文化遗产交流，提升我国在国际非物质文化遗产领域的话语权，维护国家主权和文化安全。加强国际文化专家队伍建设和中外智库交流合作，提升国际学术影响力。鼓励各驻外使领馆、海外中国文化中心、驻外旅游办事处、中资企业以及海外侨胞和出国留学人员等积极开展我国非物质文化遗产的宣传推广。推出以对外传播我国非物质文化遗产为主要内容的影视剧、纪录片、宣传片、舞台剧、短视频等优秀作品。通过中外人文交流活动等形式，交流非物质文化遗产保护先进经验，向国际社会宣介我国非物质文化遗产和中华优秀传统文化。积极推动内地和港澳、大陆和台湾地区的交流合作，充分发挥非物质文化遗产在增进文化认同、维系国家统一中的独特作用。

五、保障措施

（十七）加强组织领导。各级党委和政府要进一步提高对非物质文化遗产保护工作重要性的认识，把非物质文化遗产保护工作纳入经济社会发展相关规划，纳入考核评价体系。健全非物质文化遗产保护工作联席会议制度。引导社会力量参与非物质文化遗产保护工作，充分发挥行业组织作用，鼓励企事业单位合法合理利用非物质文化遗产资源，形成有利于保护传承的体制机制和社会环境。

（十八）完善政策法规。研究修改《中华人民共和国非物质文化遗产法》，完善相关地方性法规和规章，进一步健全非物质文化遗产法律法规制度，建立非物质文化遗产获取和惠益分享制度。加强对法律法规实施情况的监督检查，建立非物质文化遗产执法检查机制。综合运用著作权、商标权、专利权、地理标志等多种手段，加强非物质文化遗产知识产权保护。加强非物质文化遗产普法教育。

（十九）加强财税金融支持。县级以上政府要依法把非物质文化遗产保护经费列入本级预算，提高资金使用效益。鼓励预算单位根据工作需要采购非物质文化遗产相关产品和服务。采取定向资助、贷款贴息等政策措施，支持非物质文化遗产基础设施建设。支持非物质文化遗产相关企业按规定享受税收优惠政策。鼓励和引导金融机构继续加强对非物质文化遗产的金融服务。支持和引导公民、法人和其他组织以捐赠、资助、依法设立基金会等形式，参与非物质文化遗产保护传承。

（二十）强化机构队伍建设。各级党委和政府要依法明确非物质文化遗产管理职能部门，统筹使用编制资源，使非物质文化遗产保护工作力量与其承担的职责和任务相适应。实施全国非物质文化遗产人才队伍能力提升工程。将非物质文化遗产保护纳入有关干部教育培训内容。完善非物质文化遗产保护专业技术职称评审制度。推动非物质文化遗产智库建设，进一步发挥专家咨询作用。对在非物质文化遗产保护传承中作出显著贡献的组织和个人，按照国家有关规定予以表彰奖励。

附录三

中国传统工艺振兴计划

文化部　工业和信息化部　财政部

为落实党的十八届五中全会关于“构建中华优秀传统文化传承体系，加强文化遗产保护，振兴传统工艺”和《中华人民共和国国民经济和社会发展第十三个五年规划纲要》关于“制定实施中国传统工艺振兴计划”的要求，促进中国传统工艺的传承与振兴，特制定本计划。

本计划所称传统工艺，是指具有历史传承和民族或地域特色、与日常生活联系紧密、主要使用手工劳动的制作工艺及相关产品，是创造性的手工劳动和因材施艺的个性化制作，具有工业化生产不能替代的特性。

一、重要意义

中国各族人民在长期社会生活实践中共同创造的传统工艺，蕴含着中华民族的文化价值观念、思想智慧和实践经验，是非物质文化遗产的重要组成部分。我国传统工艺门类众多，涵盖衣食住行，遍布各族各地。

振兴传统工艺，有助于传承与发展中华优秀传统文化，涵养文化生态，丰富文化资源，增强文化自信；有助于更好地发挥手工劳动的创造力，发现手工劳动的创造性价值，在全社会培育和弘扬精益求精的工匠精神；有助于促进就业，实现精准扶贫，提高城乡居民收入，增强传统街区和村落活力。

二、总体要求

（一）总体目标。立足中华民族优秀传统文化，学习借鉴人类文明优秀成果，发掘和运用传统工艺所包含的文化元素和工艺理念，丰富传统工艺的题材和产品品种，提升设计与制作水平，提高产品品质，培育中国工匠和知名品牌，使传统工艺在现代生活中得到新的广泛应用，更好满足人民群众消费升级的需要。到 2020 年，传统工艺的传承和再创造能力、行业管理水平和市场竞争力、从业者收入以及对城乡就业的促进作用得到明显提升。

（二）基本原则。

尊重优秀传统文化。尊重地域文化特点、尊重民族传统，保护文化多样性，维护和弘扬传统工艺所蕴含的文化精髓和价值。

坚守工匠精神。厚植工匠文化，倡导专注坚守、追求卓越，树立质量第一意识，推动品质革命，加强品牌建设，多出精品、多出人才。

激发创造活力。保护广大手工艺者个性，挖掘创造性手工的价值，激发因材施艺灵感和精心手作潜能，恢复和发展濒危或退化的优秀工艺和元素。

促进就业增收。发挥传统工艺覆盖面广、兼顾农工、适合家庭生产的优势，扩大就业创业，促进精准扶贫，增加城乡居民收入。

坚持绿色发展。增强生态保护意识，合理利用天然材料，反对滥用不可再生的天然原材料资源，禁止使用非法获取的珍稀动植物资源。

三、主要任务

（一）建立国家传统工艺振兴目录。以国家级非物质文化遗产代表性项目名录为基础，对具备一定传承基础和生产规模、有发展前景、有助于带动就业的传统工艺项目，建立国家传统工艺振兴目录。实施动态管理，鼓励地方参照建立本级的传统工艺振兴目录。对列入振兴目录的项目，予以重点支持。

（二）扩大非物质文化遗产传承人队伍。鼓励技艺精湛、符合条件的中青年传承人申报并进入各级非物质文化遗产代表性项目代表性传承人队伍，形成合理梯队，调动年轻一代从事传统工艺的积极性，培养高水平大国工匠队伍。各地要通过多种方式，为收徒授艺等传统工艺传习活动提供支持。引导返乡下乡人员结合自身优势和特长，发展传统工艺、文化创意等产业。

（三）将传统工艺作为中国非物质文化遗产传承人群研修研习培训计划实施重点。依托相关高校、企业、机构，组织传统工艺持有者、从业者等传承人群参加研修、研习和培训，提高传承能力，增强传承后劲。组织优秀传承人、工艺师及设计、管理人员，到传统工艺项目所在地开展巡回讲习，扩大传承人群培训面。倡导传承人群主动学习，鼓励同行之间或跨行业切磋互鉴，提高技艺水平，提升再创造能力。

（四）加强传统工艺相关学科专业建设和理论、技术研究。支持具备条件的高校开设传统工艺的相关专业和课程，培养传统工艺专业技术人才和理论研究人才。支持具备条件的职业院校加强传统工艺专业建设，培养具有较好文化艺术素质的技术技能人才。积极推行现代学徒制，建设一批技能大师工作室，鼓励代表性传承人参与职业教育教学和开展研究。支持有条件的学校帮助传统工艺传承人群提升学历水平。鼓励高校、研究机构、企业等设立传统工艺的研究基地、重点实验室等，在保持优秀传统的基础上，探索手工技艺与现代科技、工艺装备的有机融合，提高材料处理水平，切实加强成果转化。加强传统工艺的挖掘、记录和整理。对具有独特历史意义的濒危传统工艺项目，加快实施抢救性记录，落实保护与传承措施。鼓励出版有关传统工艺的专著、译著、图册等研究和实践成果。

（五）提高传统工艺产品的设计、制作水平和整体品质。强化质量意识、精品意识、品牌意识和市场意识，结合现代生活需求，改进设计，改善材料，改良制作，并引入现代管理制度，广泛开展质量提升行动，加强全面质量管理，提高传统工艺产品的整体品质和市场竞争力。鼓励传统工艺从业者在自己的作品或产品上署名或使用手作标识，支持发展基于手工劳动、富有文化内涵的现代手工艺。鼓励传统工艺企业和从业者合理运用知识产权制度，注册产品商标，保护商业秘密和创新成果。支持有条件的地方注册地理标志证明商标或集体商标，培育有民族特色的传统工艺知名品牌。鼓励拥有较强设计能力的企业、高校和相关单位到传统工艺项目集中地设立工作站，帮助当地传统工艺企业和从业者解决工艺难题，提高产品品质，培育品牌，拓展市场。依托乡村旅游创客示范基地和返乡下乡人员创业创新培训园区（基地），推动传统工艺品的生产、设计等和发展乡村旅游有机结合。开展多种形式的传统工艺大赛、技能大赛，发现、扶持传统工艺创意人才。

（六）拓宽传统工艺产品的推介、展示、销售渠道。鼓励在传统工艺集中的历史文化街区和村镇、自然和人文景区、传统工艺项目集中地，设立传统工艺产品的展示展销场所，集中展示、宣传和推介具有民族或地域特色的传统工艺产品，推动传统工艺与旅游市场的结合。在非物质文化遗产、旅游等相关节会上设立传统工艺专区。举办多种传统工艺博览会和传统工艺大展，为传统工艺搭建更多展示交易平台。鼓励商业网站与相关专业网站设立网络销售平台，帮助推介传统工艺产品。

（七）加强行业组织建设。鼓励地方成立传统工艺行业组织。行业组织要制定产品质量行业标准，组织或支持开展面向本地区或本行业传承人群的培训和交流等活动，并提供信息发布、权益维护等服务。

（八）加强文化生态环境的整体保护。鼓励各地对传统工艺集中的乡镇、街道和村落实施整体性保护。结合传统村落、少数民族特色村镇和历史文化街区保护，注意保护传统工艺相关的文化空间和特定的自然人文环境。鼓励研发绿色环保材料，改进有污染的工艺流程，加强生态环境保护。整合现有资源开展非商业性象牙雕刻技艺研究和传承，引导和支持使用替代材料传承以象牙等珍稀动植物资源为原材料的相关技艺。

（九）促进社会普及教育。继续开展非物质文化遗产进校园等活动。支持各地将传统工艺纳入高校人文素质课程和中小学相关教育教学活动；支持大中小学校组织开展体现地域特色、民族特色的传统工艺体验和比赛，提高青少年的动手能力和创造能力，加深对传统文化的认知。鼓励电视、网络媒体等推出丰富多彩的传统工艺类节目。拍摄和译制传统工艺纪录片、教学片和宣传片，弘扬工匠精神，促进知识传播、普及和技艺交流，方便大众学习传统工艺知识。鼓励有关部门和社会组织积极参与或组织传统工艺相关活动，充分发挥各级公共文化机构的作用，依托公共文化服务场所积极开展面向社区的传统工艺展演、体验、传习、讲座、培训等各类活动，使各级公共文化机构成为普及推广传统工艺的重要阵地，丰富民众文化生活，增强传统工艺的社会认同。

（十）开展国际交流与合作。通过双边、多边渠道，组织传统工艺传承人、企业和行业组织代表开展国际交流和研修培训，以及技术领域的研究与合作，开拓视野，借鉴经验。

四、保障措施

（一）加强统筹协调。各级人民政府有关部门要结合发展繁荣文化事业和文化产业、精准扶贫、新农村建设、少数民族传统手工艺及特色村镇保护与发展、传统村落保护、美丽乡村建设、乡村旅游发展等工作，积极探索振兴传统工艺的有效途径。广泛开展面向农村剩余劳动力、城市下岗职工、城乡残疾人、返乡下乡创业创新人员、民族地区群众的手工艺技能培训，鼓励其从事传统工艺生产。引导非物质文化遗产生产性保护示范基地发挥示范引领作用。

（二）落实支持政策。利用现有资金渠道，对符合规定的传统工艺相关项目以及特色文化产业传统工艺发展予以适当支持。将传统工艺展示、传习基础设施建设纳入“十三五”时期文化旅游提升工程。传统工艺企业符合现行小微企业和高新技术企业等税收优惠政策条件的，可按规定享受税收优惠政策。

（三）加强金融服务。探索建立传统工艺企业无形资产评估准则体系，支持符合条件的传统工艺企业融资发展。鼓励金融机构开发适合传统工艺企业特点的金融产品和服务，加强对传统工艺企业的投融资支持与服务。

（四）鼓励社会参与。鼓励社会力量兴办传统工艺企业，建设传统工艺展示、传习场所和公共服务平台，举办传统工艺的宣传、培训、研讨和交流合作等。

附录四

国家非物质文化遗产保护资金管理办法

第一章　总则

第一条　为了规范和加强国家非物质文化遗产保护资金（以下简称保护资金）的管理与使用，提高资金使用效益，根据《中华人民共和国预算法》及其实施条例、《中华人民共和国非物质文化遗产法》等法律法规和国家预算管理有关规定，结合我国非物质文化遗产保护工作实际，制定本办法。

第二条　保护资金由中央财政设立，用于支持国家非物质文化遗产管理和保护工作。保护资金的年度预算根据国家非物质文化遗产保护工作总体规划、年度工作计划以及国家财力情况核定。保护资金实施期限根据公共文化领域中央与地方财政事权和支出责任划分改革方案、非物质文化遗产保护政策等确定。

各级财政应按照公共文化领域中央与地方财政事权和支出责任划

分改革方案，落实支出责任，保障本行政区域非物质文化遗产保护传承经费。

第三条 保护资金管理和使用坚持“统筹安排、突出重点、中央补助、分级负责、加强监督、注重绩效”的原则。

第四条 保护资金由财政部、文化和旅游部按职责共同管理。文化和旅游部负责测算基础数据，对数据的真实性、准确性、及时性负责，负责审核申报文件和提出保护资金分配建议方案，监督指导保护资金的使用和绩效管理。财政部根据预算管理相关规定，会同文化和旅游部研究确定中央部门、各省（自治区、直辖市、计划单列市，以下统称省）保护资金预算、绩效目标，对保护资金使用情况进行监督，指导开展全过程绩效管理。

省级财政、文化和旅游主管部门负责明确省级及省以下各级财政、文化和旅游主管部门在数据审核、预算安排、资金使用、绩效管理等方面的责任，切实加强保护资金管理，提高资金使用效益。省级及省以下各级文化和旅游主管部门负责审核申报资料，对申报资料的真实性、完整性、合规性负责。

文化和旅游部、财政部共同建立非物质文化遗产保护资金项目库。保护资金项目库分为项目申报库、项目储备库、项目执行库，分别对应项目申报、项目审核、项目执行环节。

第五条 保护资金的管理和使用严格执行国家有关法律法规、财务规章制度和本办法的规定，并接受财政部门的监督以及审计、文化和旅游等部门的监督检查。

第二章　保护资金支出范围

第六条　保护资金分为中央本级项目资金和中央对地方补助资金，按照开支范围分为组织管理费和保护补助费。

中央本级项目资金包括文化和旅游部本级组织管理费和中央部门国家非物质文化遗产保护补助费，中央对地方补助资金为各省国家非物质文化遗产保护补助费。

第七条　组织管理费是指组织开展非物质文化遗产保护工作和管理工作所发生的支出，具体包括：调查研究、规划编制、宣传出版、咨询评审、交流培训、数据库建设等。

第八条　保护补助费是指补助国家级非物质文化遗产代表性项目（以下简称代表性项目）、国家级非物质文化遗产代表性传承人（以下简称代表性传承人）、国家级文化生态保护区等开展保护传承活动发生的支出。具体包括：

（一）代表性项目保护补助费，用于补助代表性项目相关的调查立档、研究出版、保护计划编制、开展传承和实践活动、展示展演和宣传普及、必要传承实践用具购置等支出。

（二）代表性传承人补助费，用于补助代表性传承人开展授徒、传艺、交流等传承活动的支出。

（三）国家级文化生态保护区建设补助费，用于补助国家级文化生态保护区相关的规划编制、研究出版、数字化保护、传承体验设施租借或修缮、普及教育、宣传推广等支出。

（四）中国非物质文化遗产传承人研修培训计划（以下简称研培计

划）补助费，用于补助开展研培计划所发生的研修、培训等支出。

（五）代表性传承人记录补助费，用于补助对代表性传承人实施系统记录的支出。

（六）财政部、文化和旅游部确定的其他支出。

中央部门国家非物质文化遗产保护补助费包括代表性项目保护补助费、代表性传承人补助费。

第九条 保护资金不得用于与非物质文化遗产保护传承无关的支出，不得用于支付各种罚款、捐款、赞助、投资等支出，不得用于偿还债务和基础设施建设，不得用于个人专著的出版，不得用于编制内在职人员工资性支出和离退休人员离退休费支出，不得用于国家规定禁止列支的其他支出。

第三章 中央本级项目资金分配与管理

第十条 中央本级项目资金按规定纳入中央有关部门预算管理，执行中央部门预算管理制度。

第十一条 有关中央部门根据年度中央部门预算编制通知、代表性项目保护需求、工作任务量，提出项目预算申请和绩效目标，于每年 7 月 30 日前报文化和旅游部。同时，有关中央部门应按照预算编制规定，申请将项目纳入中央部门预算项目库。未列入中央部门预算项目库的项目，不得安排预算。

第十二条 文化和旅游部根据非物质文化遗产保护年度工作计划、项目申报、以前年度结转结余、项目绩效等情况，提出下一年度中央本级项目资金安排建议方案。其中，文化和旅游部本级组织管理费、有关中央部门和港澳地区代表性传承人补助费，随文化和旅游部部门预算申请一并报送财政部；有关中央部门项目由文化和旅游部审核提出项目预算建议数，汇总报送财政部。同时，文化和旅游部负责将相关项目信息按要求录入保护资金项目库。

第十三条 财政部根据文化和旅游部申请，综合考虑中央本级当年财力、预算管理要求，按照部门预算管理规定批复下达项目预算、绩效目标。

第十四条 中央部门要严格按照批复的预算组织执行，切实强化预算约束，加强财务支出管理，做好绩效目标管理和运行监控。

第四章 中央对地方补助资金分配与管理

第十五条 中央对地方补助资金分为重点项目补助和一般项目补助。其中，重点项目补助用于国家级文化生态保护区建设，入选联合国教科文组织非物质文化遗产名录名册项目的履约保护，文化和旅游部、财政部共同确定实施方案的项目；一般项目补助用于其他代表性项目，代表性传承人，代表性传承人记录，研培计划等。

第十六条 重点项目补助实行项目法分配。项目补助金额根据各省申报情况、非物质文化遗产保护需求、工作任务量、项目预算执行和绩效情况等核定。

第十七条 一般项目补助实行因素法分配。分配因素包括代表性项目数量、代表性项目年度保护任务数、代表性传承人数量、代表性传承人记录数、研培计划任务数。其中，代表性项目数量根据国务院公布的名单确定；代表性项目年度保护任务数根据文化和旅游部对代表性项目年度预算评审情况确定；代表性传承人数量根据文化和旅游部公布的名单确定；代表性传承人记录数、研培计划任务数根据文化和旅游部年度工作任务确定。已列入重点项目的联合国教科文组织非物质文化遗产名录名册项目，不作为因素计算依据。

分配公式如下：某省补助资金＝代表性传承人数量 × 测算标准＋代表性传承人记录数 × 测算标准＋（该省代表性项目数量 / 各省代表性项目总数 ×45%+ 该省代表性项目保护任务数 / 各省代表性项目保护任务总数 ×45%+ 该省研培计划任务数 / 各省研培计划任务总数 ×10%）× 各省代表性项目和研培计划补助数 × 绩效评价调节系数。

绩效评价调节系数如下：

序号	绩效评价结果	绩效评价调节系数
1	≥ 90 分	1.2
2	≥ 85 分且＜ 90 分	1.1
3	≥ 80 分且＜ 85 分	1
4	≥ 70 分且＜ 80 分	0.9
5	＜ 70 分	0.8

第十八条 代表性传承人传承活动测算标准为每人每年 2 万元，地方可根据文化和旅游部确定的代表性传承人传承活动评估结果和财力情况，适当增加或减少中央补助。其中，对传承活动评估结果优秀的传承人，增加中央补助不超过测算标准的 25%；对传承活动评估结果不合格的传承人，不得安排传承活动中央补助。

代表性传承人记录项目测算标准为每个40万元，地方可根据实际工作开展和财力情况，统筹安排代表性传承人记录项目补助资金。原则上，同一代表性传承人记录项目5年内只安排一次。

中央财政给予补助的代表性传承人传承活动和记录项目数量，根据年度预算安排情况统筹确定。

第十九条 项目申报单位应当具备实施该项目保护计划的能力，以及开展传承展示活动的场所和条件。

项目申报单位应当保证申报材料真实、准确、完整，所申报项目应当具备实施条件，有明确的保护工作计划和合理的实施周期、分年度预算，短期内无法启动的项目不得申报。

第二十条 地方文化和旅游主管部门应当提前研究下一年度资金使用需求，谋划好相关项目，优化夯实项目储备。省级文化和旅游主管部门要结合属地实际，指导基层文化和旅游主管部门和项目实施单位编制区域绩效目标和项目绩效目标，绩效目标设置要具有科学性、合规性、前瞻性和可操作性，各项指标要符合实际，量化清晰，与任务数相对应，与资金量相匹配。

省级文化和旅游主管部门负责组织开展项目审核，并将项目内容、预算申请数、绩效目标、以前年度预算执行情况等信息列入项目申报库。对较为复杂的项目，可委托第三方机构或专家组进行预算评审。

第二十一条 省级财政、文化和旅游主管部门结合非物质文化遗产保护需求、工作任务量、项目预算执行和绩效管理等情况，提出下一年度项目预算申请和绩效目标，并区分轻重缓急对项目申报库进行排序，于每年8月31日前将申报文件报送财政部、文化和旅游部，抄送财政部当地监管局。

第二十二条 文化和旅游部负责组织对项目申报库进行项目评审，评审通过后列入项目储备库，未列入项目储备库的项目不得安排补助资金。项目评审可采取委托第三方或组织专家组的方式开展。项目评审中，要对各省申报文件、非物质文化遗产保护需求、工作任务量、项目预算执行和绩效情况等进行全面审核，确定项目预算控制数、年度支出计划、绩效目标和项目排序。

第二十三条 文化和旅游部根据国家非物质文化遗产保护工作总体规划、年度工作计划、项目评审、一般项目补助分配因素测算等情况，提出预算建议方案、整体绩效目标和区域绩效目标，报财政部审核。其中，分地区一般项目补助数不得高于项目储备库中该地区一般项目预算控制数，超出部分调减用于重点项目。

第二十四条 财政部根据文化和旅游部建议方案，综合考虑中央本级当年财力、预算管理要求，审核确定中央对地方补助资金分配方案、整体绩效目标和区域绩效目标。

财政部于每年全国人民代表大会批准中央预算后三十日内，下达中央对地方补助资金预算；每年10月31日前，提前下达下一年度预计数，并抄送财政部各地监管局。文化和旅游部根据资金下达情况，同步更新保护资金项目库信息。

第二十五条 省级财政、文化和旅游主管部门根据一般项目补助年度预算规模、项目排序、项目评审等情况，审核确定一般项目补助预算分配方案、绩效目标。省级财政部门在收到中央对地方补助资金预算后三十日内，按照预算级次合理分配、及时下达资金预算，抄送文化和旅游部、省级文化和旅游主管部门、财政部当地监管局。

第二十六条 省级文化和旅游主管部门根据资金下达情况，将项目从项目储备库转入项目执行库，同步更新项目预算控制数、年度支出计划和绩效目标，并于每年3月底之前，将上一年度项目预算执行、绩效目标完成情况录入项目执行库。

第五章 绩效管理与监督

第二十七条 各级财政、文化和旅游主管部门应当按照全面实施预算绩效管理的要求，建立健全预算绩效管理机制，对照绩效目标做好绩效监控、绩效评价，强化评价结果运用，做好绩效信息公开，提高保护资金配置效率和使用效益。

省级文化和旅游主管部门会同省级财政部门组织开展绩效自评，于每年3月底前将上一年度绩效自评报告报文化和旅游部汇总。自评报告内容主要包括项目总体绩效目标、各项绩效指标完成情况、预算执行情况、绩效自评表。对未完成绩效目标或偏离绩效目标较大的项目要分析原因，研究提出改进措施。绩效自评表应内容完整、权重合理、数据真实、结果客观。

财政部、文化和旅游部根据需要组织对保护资金开展重点绩效评价，将评价结果作为预算安排、完善政策和改进管理的依据。

第二十八条 省级文化和旅游主管部门组织开展项目验收，于每年6月底之前将上一年度实施完毕的项目验收结果报文化和旅游部备案，并更新项目执行库项目信息。

第二十九条 项目实施单位应当严格按照批准的保护资金支出范围和项目内容安排使用保护资金。如有特殊情况，需要调整一般项目保护资金支出范围和项目内容的，应当按预算管理规定报省级财政、文化和旅游主管部门批准。不足两年的结转资金可在下年继续使用，或由同级财政部门按规定统筹用于项目储备库其他项目；连续两年未用完的项目结转资金，应按照规定确认为结余资金，由项目实施单位同级财政部门按规定收回统筹使用。

在确保完成当年保护任务基础上，省级财政部门、文化和旅游主管部门可在项目储备库项目范围内统筹安排一般项目补助。同一项目分年度补助数不得超过该项目预算控制数。

第三十条 保护资金按照财政国库管理制度有关规定执行。属于政府采购管理范围的，应当按照国家政府采购法律规定制度执行。鼓励采取政府购买服务等方式，支持相关单位和组织参与非物质文化遗产保护。

第三十一条 项目相关培训支出应严格按照培训费管理有关规定执行。项目实施单位使用保护资金形成的资产属于国有资产的，应当按照国家国有资产管理有关规定管理。使用保护资金开展的活动，形成的项目成果（含专著、论文、研究报告、总结、数据资料、鉴定证书及成果报道等），均应注明“国家非物质文化遗产保护资金补助项目”。

第三十二条 各级财政、文化和旅游主管部门及其工作人员在保护资金分配、审核过程中存在违反本办法规定，以及其他滥用职权、玩忽职守、徇私舞弊等违法违规行为的，依法追究相应责任。

第三十三条 申报使用保护资金的部门、单位及个人在资金申报、使用过程中存在违法违规行为的，依照《中华人民共和国预算法》及其实施条例、《财政违法行为处罚处分条例》等国家有关规定追究相应责任。

第三十四条 本办法由财政部、文化和旅游部负责解释。省级财政、文化和旅游主管部门可根据本办法，结合各地实际，制定具体管理办法，并抄送财政部当地监管局。

第三十五条 本办法自 2022 年 1 月 1 日起施行。《财政部 文化部关于印发〈国家非物质文化遗产保护专项资金管理办法〉的通知》（财教〔2012〕45 号）、《财政部 文化部关于〈国家非物质文化遗产保护专项资金管理办法〉的补充通知》（财文〔2016〕29 号）、《财政部 文化和旅游部关于〈国家非物质文化遗产保护专项资金管理办法〉的补充通知》（财文〔2018〕135 号）同时废止。

附录五

“十四五”非物质文化遗产保护规划

为贯彻落实《中华人民共和国国民经济和社会发展第十四个五年规划和2035年远景目标纲要》、国家“十四五”文化改革发展规划和《“十四五”文化和旅游发展规划》，进一步加强非物质文化遗产（以下简称“非遗”）保护传承工作，编制本规划。

序 言

非遗是中华优秀传统文化的重要组成部分。保护好、传承好、弘扬好非遗，对于延续历史文脉、坚定文化自信、推动文明交流互鉴、建设社会主义文化强国具有重要意义。

“十三五”时期，在党中央、国务院的坚强领导下，我国非遗保护事业取得显著成就。法律法规体系逐步健全，非遗代表性项目和代表性传承人名录体系逐渐完善，抢救性记录取得重要成果，文化生态保护区建设水平不断提高，中国传统工艺振兴计划、中国非遗传承人群研修研习培训计划顺利推进，非遗助力精准扶贫成效明显，非遗宣传传播广泛开展，非遗在服务重大国家战略中的积极作用进一步发挥，非遗保护保障体系更加有力，非遗保护意识深入人心。一批珍贵、濒危和具有重要价值的非遗得到有效保护，具有中国特色的保护制度基本建立，社会广泛参与、人人保护传承的生动局面初步形成。

“十四五”时期是开启全面建设社会主义现代化国家新征程、向第二个百年奋斗目标进军的第一个五年，也是全面提高我国非遗保护能力和水平的重要时期。一方面，社会经济的高质量发展为非遗保护传承提供了良好的基础条件，人民对美好生活的需要也对非遗保护提出了更高的要求。另一方面，社会快速发展，非遗传承发展环境发生重大变化，一些项目生命力不强，传承存在困难；非遗保护基础相对薄弱，工作队伍不够健全等。“十四五”时期，要进一步加强非遗系统性保护，健全非遗保护传承体系，提高非遗保护传承水平，加大非遗传播普及力度，推动非遗保护事业取得更大进步。

一、总体要求

（一）指导思想

以习近平新时代中国特色社会主义思想为指导，全面贯彻党的十九大和十九届二中、三中、四中、五中全会精神，落实习近平总书记关于非遗保护重要指示精神，坚持以社会主义核心价值观为引领，坚持创造性转化、创新性发展，坚守中华文化立场、传承中国文化基因，贯彻“保护为主、抢救第一、合理利用、传承发展”工作方针，深入实施非物质文化遗产传承发展工程，切实提升非遗保护传承工作水平，不断增强中华优秀传统文化的生命力和影响力，构建各民族共有的精神家园，凝聚实现中华民族伟大复兴的强大精神力量。

（二）基本原则

——牢牢把握正确方向。加强党的领导，坚持马克思主义在意识形态领域的指导地位，弘扬社会主义核心价值观，树立正确的历史观、国家观、民族观、文化观，深入挖掘阐释非遗蕴含的思想理念、传统美德、人文精神。

——坚持以人民为中心。尊重民族传统和风俗习惯，尊重人民群众的主体地位和创造性表达权利，推动非遗融入人民群众生产生活，让人民参与保护传承，让保护成果为人民共享，不断增强人民群众的认同感、参与感、获得感，铸牢中华民族共同体意识。

——坚持系统性保护。围绕新时代新任务，统筹协调非遗保护传承与经济发展、城乡建设、社会治理、民生改善等的关系，主动服务和融入国家发展战略。坚持系统观念，全局性谋划非遗保护的各项政策措施，做好各项工作的衔接配合，推动非遗为经济社会可持续发展发挥更大作用。

——坚持依法科学保护。健全非遗保护法律法规体系，全面落实法定职责，明确参与各方责任，提高社区和民众的非遗保护主体意识。秉持见人见物见生活的理念，分类保护，精准施策，精确管理。

——坚持守正创新。尊重非遗基本文化内涵，弘扬非遗当代价值，推动非遗在人民群众的当代实践中实现创造性转化、创新性发展，不断增强非遗的生命力。

（三）发展目标

到 2025 年，非遗代表性项目得到有效保护，工作制度科学规范、运行有效，工作体系更加完善，保护传承体系更加健全，创造创新活力进一步激发，人民群众对非遗的认同感、参与感、获得感明显提高，非遗服务当代、造福人民的作用进一步发挥。到 2035 年，非遗得到全面有效保护，传承活力明显增强，工作制度更加成熟、更加完善，传承体系更加健全，保护理念进一步深入人心，国际影响力显著提升，在推动社会经济可持续发展和重大国家战略中的作用更加彰显。

二、主要任务

（一）加强非遗调查、记录和研究

1. 推进非遗调查。服务对接重大国家战略，加强重点区域、重点项目专项调查，为有针对性地开展非遗保护工作提供数据支撑。鼓励支持各地根据工作需要，在本区域内开展非遗专项调查。采取电子化方式开展调查登记，推进大数据在调查中的应用，提高调查数据采集处理效能。妥善保存调查数据、资料，加强调查成果的运用。研究启动第二次全国非遗资源普查。

2. 完善非遗记录体系。运用文字、图像、音频、视频等方式，对国家级非遗代表性项目和代表性传承人实施全面记录，鼓励对县级以上非遗代表性项目和代表性传承人实施记录。广泛发动社会记录，鼓励高校、科研机构等专业机构参与，不断提高非遗记录水平。做好记录成果的保存和公开，进一步促进社会利用。

3. 加强非遗档案和数据库建设。完善档案制度，制定非遗档案和数据库建设标准和规范。加大对非遗有关文字、图片、音频、视频以及实物资料的搜集、整理和数字化处理，充分运用非遗调查记录成果，完善非遗档案和数据库体系。加强资源整合共享，推动构建准确权威、开放共享的公共数字平台，推进非遗档案和数据资源的社会利用。

专栏 1　非遗记录工程
建立健全非遗记录工作规范和标准，以国家级非遗代表性传承人为重点，对国家级非遗代表性项目进行真实、系统记录，全面反映非遗相关的内容和表现形式、流变过程、核心技艺和传承实践情况。对传承环境或条件发生重大改变、传承面临困难的项目，优先进行记录，广泛发动社会记录，加强对记录成果的传播和利用。

4. 加强非遗研究工作。开展摸底调查，掌握全国非遗研究机构的基本情况，形成全国非遗保护研究机构名单。统筹研究力量，建立非遗专家资源库，建设非遗研究基地和非遗重点实验室。加大对中青年非遗专家的支持力度，鼓励更多中青年学者从事非遗研究工作。支持非遗传承人与高校、研究机构合作，加强理论、应用方面的研究。围绕非遗保护工作面临的重难点问题委托研究课题，推动非遗保护机构与高校、科研院所联合攻关。支持非遗研究成果的出版、发表与发布，举办学术会议，加强学术期刊建设。

5. 深化中国文化基因研究阐释。全面系统研究梳理国家级非遗代表性项目，遴选充分体现中国文化基因、涉及中华文明发源文化发祥的非遗项目。开展多学科、跨学科的综合性研究，挖掘阐释非遗项目中蕴含的中国文化基因及其当代作用和应用途径。指导项目所在地做好项目保护工作，加强项目及其有关的古籍文献、相关实物、遗存等的系统性和整体性保护，促进融入现代生活，实现发展振兴。加强研究阐释和非遗保护成果的宣传、普及、应用。

（二）加强非遗项目保护

1. 加强非遗代表性项目制度建设。修订《国家级非物质文化遗产保护与管理暂行办法》，支持各地加强非遗代表性项目认定和管理制度建设，鼓励有条件的地区出台非遗代表性项目单项法规。研究推进构建更加科学、合理的分类体系。

2. 加强非遗代表性项目管理。健全国家、省、市、县代表性项目名录体系，启动第六批国家级非遗代表性项目推荐申报工作，推动县级名录全覆盖。推动国家级非遗代表性项目名录的梳理和规范。组织对非遗代表性项目保护情况进行监督检查，评估代表性项目存续状况，完善动态调整机制。加强保护单位绩效评估检查和动态管理。

3. 加强分类保护。根据非遗特点和存续状况，实施分类保护。继续实施《中国传统工艺振兴计划》，加强各民族优秀传统手工艺保护和传承，推进传统工艺高质量发展。落实《中华人民共和国中医药法》，与有关部门共同研究制定《传统医药类非物质文化遗产传承发展计划》，推动传统医药类非遗保护传承。实施戏曲振兴工程、传统节日振兴计划、曲艺传承发展计划。针对民间文学、传统音乐、传统舞蹈、民俗及传统体育、游艺与杂技类非遗的不同特点，探索与之相适应的保护方式。

专栏 2　传统工艺高质量发展
继续实施中国传统工艺振兴计划，树立系统性保护理念，加强传统工艺理论研究，丰富传统工艺产品品种，提升设计与制作水平，培育工匠精神。建立国家传统工艺高质量发展目录，对第一批国家传统工艺振兴目录项目进行评估调整。实施中国非遗传承人研培计划和非遗传承人技能艺能提升计划，培养高质量传统工艺传承人队伍。在传统工艺项目集中的地区建设传统工艺工作站，帮助当地增强文化自觉，丰富创作设计，提高工艺水平。建设国家级非遗生产性保护示范基地，培育有民族特色的传统工艺知名品牌。鼓励互联网平台举办“非遗购物节”等活动，拓宽传统工艺产品的推介、展示、销售渠道，推动传统工艺类非遗在现代生活中得到新的广泛应用。鼓励各地合理利用本地非遗资源优势，举办杭州工艺周、上海手造博览会、传统工艺青年论坛、锦绣中华——中国非遗服饰秀、非遗品牌大会等活动，树立一批有影响力的传统工艺品牌活动。

4. 加强联合国教科文组织非遗名录（名册）项目申报和履约工作。积极做好联合国教科文组织非遗名录（名册）申报工作，推动与其他国家联合申报共享的非遗项目。切实履行《保护非物质文化遗产公约》缔约国职责，加强列入联合国教科文组织非遗名录（名册）项目管理，建立牵头保护工作机制，夯实保护责任，按期提交履约报告，提高履约能力和水平。

（三）加强非遗传承人认定和管理

1. 完善非遗代表性传承人名录体系。开展第六批国家级非遗代表性传承人申报认定工作。健全国家、省、市、县代表性传承人名录体系，推动县级名录全覆盖。

2. 探索认定非遗代表性传承团体（群体）。对于集体传承、大众实践的项目，探索认定非遗代表性传承团体（群体）。在条件具备的地区，试点开展非遗代表性传承团体（群体）认定工作，探索有效的工作方法。

做好非遗代表性传承团体（群体）与非遗代表性传承人有关工作的衔接配合。

3. 加大对传承人支持扶持力度。通过提供必要的传承场所、经费资助等方式，支持传承人开展授徒、传艺、交流活动。对国家级非遗代表性传承人开展传习活动给予补助，鼓励支持各地对本级非遗代表性传承人提供传习补助。组织国家级非遗代表性传承人参加研修培训，实现全覆盖。采取有效措施提高非遗代表性传承人技能艺能，增强使命与担当意识，弘扬工匠精神。实施中国非遗传承人研培计划，促进传统传承方式和现代教育相结合。支持传承人设立非遗传承所和工作室。加强传承梯队建设，拓宽人才培养渠道，建设宏大的传承队伍。

4. 加强非遗代表性传承人管理。开展非遗代表性传承人义务履行和传习补助经费使用情况评估，探索建立退出机制。对无正当理由不履行义务，累计两次评估不合格的或因违反法律法规、违背社会公德造成重大社会不良影响的，取消代表性传承人资格，并予以公布。

5. 加强青年传承人培养。推动传统传承方式和现代教育体系相结合，创新传承人培养方式。对于条件具备的项目，通过现代教育体系培养更多青年传承人。鼓励支持高校毕业生参与非遗保护传承工作，符合条件的可以认定为代表性传承人。采取助学、奖学等方式，鼓励年轻人学习、掌握相关技能，成为后继人才。通过组织参加培训、提供展示平台、对接市场渠道等方式，为青年传承人提供有力支持，为其成长成才营造良好环境。

专栏3　中国非遗传承人研培计划
制定“十四五”期间研培计划工作方案。加强研培计划参与院校绩效考核，定期评估、调整参与院校名单。认定一批“国家非物质文化遗产传承教学实践基地”。支持相关院校将研培计划纳入常态化工作，完善学科体系和专业建设，开展传承人群学历教育，推动相关院校建立非遗保护专业。推动高校与传承人开展科研合作、与代表性项目所在地开展交流协作。

（四）加强非遗区域性整体保护

1. 加强文化生态保护区建设。开展国家级文化生态保护实验区设立工作，建设30个国家级文化生态保护区。指导建设管理单位进一步履行好统筹、指导、协调、推进国家级文化生态保护区建设工作的职责，提高区域性整体保护水平。对国家级文化生态保护实验区进行验收，正式命名国家级文化生态保护区。支持各省（区、市）出台本区域的省级文化生态保护区管理制度，加强省级文化生态保护区建设。指导未设立省级文化生态保护区的省（区、市）加快工作进度，“十四五”期间基本实现全覆盖。指导文化生态保护区加强安全生产工作。对国家级文化生态保护区建设情况进行检查，开展总体规划实施情况和建设成效评估，将评估报告向社会公布。对因保护不力使文化生态遭到破坏的，取消国家级文化生态保护区资格，予以摘牌。

专栏4　文化生态保护区建设工程
将文化生态保护区建设纳入国民经济与社会发展总体规划，将建设经费纳入当地公共财政经常性支出预算。落实国家级文化生态保护区所在地人民政府主体责任，加强建设管理机构力量，配备专职工作人员。建设管理机构要按照国家级文化生态保护区总体规划，制定保护办法和行动计划，采取有力措施予以落实。推进国家级文化生态保护区传承体验设施体系建设，支持建设综合性非遗馆，根据当地实际建设非遗专题馆，根据需要设立各级非遗代表性项目传承所（点）。

2. 开展“非遗在社区”工作。探索推进新型城镇化进程中的非遗保护，在城市社区培育孕育发展非遗的土壤，开展“非遗在社区”工作。尊重社区居民主体地位，提升社区居民的参与感、归属感和凝聚力。充分利用本地各级非遗代表性项目及未列入名录的非遗资源，同时关注随外来人口迁入并有一定群众基础的非遗项目，支持各级代表性传承人发挥示范带头作用。创新工作模式，在非遗氛围浓厚、工作机制健全、保障工作到位的社区，创建“非遗在社区”示范点。

3. 加强中国传统村落非遗保护。开展中国传统村落非遗资源梳理统计工作，推动每个中国传统村落所在的县（市、区）建立传统村落非遗资源清单。遴选中国传统村落非遗保护优秀实践案例，举办经验交流活动。合理利用传统建筑营造技艺，保持传统建筑风貌和格局，在空间环境营造中突出非遗特点。加强当地村民及其生活方式的保护和延续，培育和扩大非遗传承人群，促进民俗、村规民约的传承与发展。

4. 建设非遗特色村镇、街区。将非遗保护传承与美丽乡村建设、农耕文化保护、城市建设相结合，挖掘中国民间文化艺术之乡、特色小镇、全国乡村旅游重点村镇、历史文化名城名镇名村中的非遗资源，建设非遗特色村镇、街区。在非遗资源丰富、保护传承有力、民众积极参与的地区，推动建设非遗特色村镇、街区。支持符合条件的地区先行试点，探索有效的工作经验和工作模式。在经费、政策等方面对非遗特色村镇、街区予以一定程度的倾斜，支持在非遗特色村镇、街区建设非遗馆、非遗传承所（点），开展丰富多彩的非遗宣传展示活动。

（五）加大非遗传播普及力度

1. 鼓励支持新闻媒体和相关机构开展非遗传播。鼓励支持新闻媒体设立非遗专栏、专题，办好优秀栏目、节目。推动主流媒体加强非遗传播力量，建设非遗传播队伍，形成一批品牌传播项目，提高非遗传播的专业性、规范性。适应媒体深度融合趋势，充分发挥微博、微信、短视频、直播等新媒体的作用，培育一批非遗项目和传承人“网红”品牌。举办中国非遗保护年会。鼓励文化馆（站）、图书馆、博物馆、美术馆等开展非遗培训、展览、学术交流、公共教育等活动。鼓励支持有关机构策划推出体现非遗内容的宣传片、纪录片、公益广告等。

专栏 5　非遗新媒体传播计划
适应媒体深度融合趋势，拓展非遗传播渠道，支持各类媒体利用微博、微信、短视频、直播等全面深入参与非遗传播。加强非遗传承人、非遗保护工作人员新媒体知识培训，促进非遗项目通过新媒体得到更广泛的认知认可。支持有关行业组织统筹直播、短视频、社交等平台力量，组织开展非遗传播培训，策划专题活动，推出非遗传播专项措施。

2. 广泛开展非遗展示展览活动。结合“文化和自然遗产日”、传统节日，开展非遗展览、展示和展演活动。继续举办中国成都国际非遗节、中国非遗博览会、中国原生民歌节、全国非遗曲艺周等重大活动，提高活动举办水平。组织开展“文化进万家”春节元宵节系列文化活动。举办黄河流域非遗大展、大运河非遗展、长江流域非遗展等区域性展示展览活动。根据非遗不同门类和项目特点，支持有条件的地方举办传统音乐、传统戏剧、传统技艺、传统体育、传统医药等专题性展示展览活动。鼓励支持各地结合本地资源优势和民众需求，举办区域性非遗展示展览活动。加强非遗展示展演活动及有关场所的安全生产监督管理。

3. 推动非遗普及教育。推动将非遗融入国民教育体系。鼓励地方根据实际情况组织编写非遗教材。鼓励中小学开设非遗特色课程，支持传承人参与教学，加强非遗师资培养。鼓励建设国家级非遗代表性项目特色中小学传承基地，推动职业院校设立民族传统技艺等相关专业。加强高等院校非遗学科体系和专业建设，支持有条件的高校自主增设硕士点和博士点。引导社会力量参与非遗教育培训，广泛开展社会实践和研学活动，建设一批国家非遗传承教育实践基地。推动非遗进校园，支持学校开展非遗展示、展演、竞赛及互动体验活动。

4. 完善非遗传承体验设施体系。统筹建设利用好国家非遗馆，建设 20 个国家级非遗馆。鼓励有条件的地区建设地方非遗馆，推动国家级非遗代表性项目配套改建新建传承体验中心，鼓励建设具有民族、地域、行业特色的非遗专题馆，鼓励社会力量兴办非遗传承体验设施，形成包括非遗馆、传承体验中心（所、点）在内，集传承、体验、教育、培训、旅游等功能于一体的传承体验设施体系。研究完善非遗展览展示场所管理制度体系，探索建立非遗展览展示场所备案和评估定级制度，支持制定、实施非遗展览展示相关标准。

5. 加强对外和对港澳台交流合作。加强非遗国际传播，充分运用非遗资源，讲好中国故事。积极参与联合国教科文组织等国际组织有关非遗工作，加强与共建“一带一路”国家非遗保护合作，参与、倡导、推动双边、多边交流与合作，加大非遗保护国际人才培养力度。鼓励各驻外使领馆、海外中国文化中心、驻外旅游办事处等驻外机构开展我国非遗的宣传推广。配合重大文化交流项目、利用国际知名节会，举办非遗展示、交流活动。支持非遗相关产品走向海外市场。推动内地与港澳非遗交流合作，支持港澳做好国家级非遗代表性项目的申报管理工作，加强对传承人的支持扶持。鼓励台湾同胞参与非物质文化遗产传承发展工程，促进大陆和台湾地区的交流合作。

（六）服务社会经济发展

1. 融入重大国家战略。加强对京津冀协同发展、长江经济带发展、粤港澳大湾区建设、长三角一体化发展、黄河流域生态保护和高质量发展、推进海南全面深化改革开放等重大国家战略中的非遗保护传承，建立区域保护协同机制。建立黄河流域、大运河沿线、长城沿线、长征沿线非遗保护协同机制。在雄安新区、北京城市副中心以及国家文化公园建设中，凸显非遗元素，强化非遗保护传承。在实施乡村振兴战略和新型城镇化建设中，发挥非遗服务基层社会治理的作用。切实做好巩固拓展脱贫攻坚成果与乡村振兴有效衔接，加大对脱贫地区的非遗保护支持力度，以非遗工坊建设为抓手，推动非遗助力乡村振兴工作，并逐步建立稳定、长效的非遗工坊建设和运行机制，持续扩大覆盖范围和覆盖人群，促进非遗保护传承在经济社会可持续发展中发挥更大作用。

专栏 6　黄河流域非遗保护传承弘扬
加强黄河流域非遗挖掘、研究和阐释。开展黄河流域非遗专项调查，掌握黄河流域非遗项目的种类、数量和分布状况。加强研究工作，设立专项课题，举办学术论坛，系统阐释黄河流域非遗中蕴含的哲学思想、人文价值、道德规范。推动黄河流域非遗系统性保护，完善名录体系，加强分类保护，积极培养后继人才，扩大传承队伍。支持举办新郑黄帝拜祖祭典、黄帝陵祭典、炎帝祭典等面向海内外的寻根祭祖活动。加强河湟文化、河洛文化、关中文化、齐鲁文化等文化形态的区域性整体保护，提高有关文化生态保护区建设水平。举办黄河流域非遗大展和传统戏剧、曲艺、传统工艺等专题性展示、展演活动，鼓励支持媒体加大宣传传播力度，推动黄河流域非遗广为弘扬。

专栏 7　大运河非遗保护传承利用
开展大运河非遗资源梳理和重点调查，进一步掌握大运河非遗的种类、数量和分布状况，建立完善档案及数据库。推进大运河非遗代表性项目名录体系建设，实施动态管理。加大对非遗传承人支持扶持力度，对国家级非遗代表性传承人给予传习补助，支持传承人设立传承中心、传承所、工作室。支持大运河沿线非遗代表性项目及传承人的记录工作，推动记录成果保存、出版和转化利用。支持大运河沿线地区建设文化生态保护区，加强古镇、历史文化街区、传统村落中的非遗保护。推动大运河非遗合理利用，促进有关非遗项目与当代生活相结合，实现创造性转化、创新性发展，推进传统工艺高质量发展。

2. 推动非遗与旅游融合发展。妥善处理非遗保护与旅游开发之间的关系，在有效保护的前提下，推动非遗与旅游融合发展。支持利用非遗馆、传承体验中心、非遗工坊等场所，培育一批非遗旅游体验基地。推出一批具有鲜明非遗特色的主题旅游线路、研学旅游产品和演艺作品。支持非遗有机融入景区、度假区、旅游休闲街区、特色小镇，鼓励非遗特色景区发展。

3. 加强革命老区、少数民族地区、边疆地区非遗保护传承。建立东、中、西部地区非遗保护协作机制。鼓励东部地区加强对中、西部地区的沟通帮扶。加强革命老区非遗保护，鼓励传承人创作以红色文化为主题的作品。加强边疆地区非遗保护，坚持多元一体，促进各民族非遗交往交流。

专栏 8　边境地区非遗保护工程
支持边境地区深入挖掘、阐释非遗项目的当代价值，增强文化认同。梳理与周边国家跨境共享的非遗项目清单，做好重点项目的保护工作。加强对非遗项目和代表性传承人的记录，完善非遗档案和数据库。支持边境地区传承人参与研培，提高文化自信和可持续发展能力。支持边境地区设立各级文化生态保护区，建设非遗馆、传承体验中心（所、点）等非遗传承体验设施。鼓励利用“文化和自然遗产日”、当地重要时间节点、传统节日举办非遗展示活动和区域性展示展演活动。

三、保障措施

（一）加强组织领导。健全非遗保护工作联席会议制度。积极推动各级党委和政府把非遗保护摆在重要位置，把非遗保护工作纳入本地区经济社会发展总体规划和考核评价体系。鼓励和引导社会力量参与非遗保护传承工作，充分发挥行业组织作用，鼓励企事业单位合理合法利用非遗资源，形成有利于保护传承的体制机制和社会环境。对在非遗保护工作中做出显著贡献的组织和个人，按照国家有关规定予以表彰、奖励。

（二）完善政策法规体系。推动修订、出台相关法律法规，进一步完善非遗保护法律法规体系。研究修订《中华人民共和国非物质文化遗产法》，推动制定实施条例。推动各地制定完善地方非遗保护条例、非遗保护专项规章。加强普法教育，开展对法律法规实施情况的监督检查。加强非遗知识产权保护的研究和探索，综合运用著作权、商标权、专利权、地理标志等多种手段，建立非遗获取和惠益分享保护制度。加强非遗数据采集、展示展演等方面的标准化研究，推动制定完善相关标准。

（三）强化机构队伍建设。推动各级党委和政府依法明确非遗管理职能部门，统筹使用编制资源，使非遗保护工作力量与其承担的职责和任务相适应。建立非遗保护管理人员的培训机制，定期开展业务培训。鼓励高校、科研机构开设非遗专业、课程，培养非遗保护管理人才。完善非遗保护专业技术职称评审制度。充分发挥高校、科研机构专家学者的作用，建立非遗保护的专家咨询机制。

（四）加强经费保障。规范和加强国家非遗保护补助资金的管理，提高资金使用效益。对非遗保护专项资金使用情况进行监督检查和绩效评价，对违规使用资金造成严重后果的，按照《国家非物质文化遗产保护专项资金管理办法》进行处理。推动县级以上人民政府依法把非遗保护经费列入财政预算。鼓励和引导金融机构继续改善和加强对非遗的金融服务。健全多元投入机制，支持和引导公民、法人和其他组织以捐赠、资助、依法设立基金会等形式参与非遗保护。

参考文献

[1] 蔡尚伟，温洪泉．文化产业导论．上海：复旦大学出版社，2006.

[2] 陈振明．公共管理学．北京：中国人民大学出版社，2005.

[3] 风笑天．社会学研究方法（第二版）. 北京：中国人民大学出版社，2005.

[4] 高丙中．中国民俗概论．北京：北京大学出版社，2009.

[5] 顾江．文化遗产经济学．南京：南京大学出版社，2009.

[6] 顾军，苑利．文化遗产报告——世界文化遗产保护运动的理论与实践．北京：社会科学文献出版社，2005.

[7] 郭庆旺，赵志耘，何秉才．积极财政政策及其与货币政策配合研究．北京：中国人民大学出版社，2004.

[8] 黄健荣等．公共管理新论．北京：社会科学文献出版社，2005.

[9] 蒋劲松．责任政府新论．北京：社会科学文献出版社，2005.

[10] 李景源，陈威．中国公共文化服务发展报告．北京：社会科学文献出版社，2007.

[11] 李军．可视的艺术史：从教堂到博物馆．北京大学出版社，2016.

[12] 李墨丝．非物质文化遗产保护国际法制研究．北京：法律出版

社，2010.

[13] 李品芳，周华 . 公共财政与税收 . 上海：上海财经大学出版社有限公司，2011.

[14] 李树文，信春鹰等 . 非物质文化遗产法律指南 . 北京：文化艺术出版社，2011.

[15] 李欣 . 数字化保护：非物质文化遗产保护的新路向 . 北京：科学出版社，2011.

[16] 联合国教科文组织编 . 世界文化报告——文化的多样性、冲突与多元共存 . 关世杰等译 . 北京：北京大学出版社，2002.

[17] 刘锡城 . 非物质文化遗产：理论与实践 . 北京：学苑出版社，2009.

[18] 娄芸鹤 . 非物质文化遗产保护与文化价值再造研究：以“锡雕”生产性保护为例 . 北京：经济管理出版社，2021.

[19] 毛寿龙 . 西方政府的治道变革 . 北京：中国人民大学出版社，1998.

[20] 苗东升 . 系统科学精要 . 北京：中国人民大学出版社，2010.

[21] 牟延林，潭宏，刘壮 . 非物质文化遗产概论 . 北京：北京师范大学出版社，2010.

[22] 裴秀颖 . 宁波朱金漆木雕生产性保护研究 . 重庆：西南师范大学出版社，2021.

[23] 乔晓光 . 活态文化：中国非物质文化遗产初探 . 山西：山西人民出版社，2004.

[24] 王鹤云，高绍安．中国非物质文化遗产保护法律机制研究．北京：知识产权出版社，2009.

[25] 王巨山．非物质文化遗产概论．北京：学苑出版社，2012.

[26] 王列生，郭全中，肖庆．国家公共文化服务体系论．北京：文化艺术出版社，2009.

[27] 王列生．文化制度创新论稿．北京：中国电影出版社，2011.

[28] 王文章，张旭．文化认同与国际合作．杭州：浙江人民出版社，2009.

[29] 王文章．非物质文化遗产保护研究．北京：文化艺术出版社，2013.

[30] 王文章．非物质文化遗产概论．北京：教育科学出版社，2008.

[31] 魏宏森，曾国屏．系统论：系统科学哲学．北京：清华大学出版社，1995.

[32] 温京博．数字媒体介入下的博物馆情境设计研究．首都师范大学出版社，2019.

[33] 乌丙安．非物质文化遗产保护理论与方法．北京：文化艺术出版社，2010.

[34] 吴俊培等．积极财政政策问题研究．北京：经济科学出版社，2004.

[35] 徐晨．公共政策．北京：对外经济贸易大学出版社，2008.

[36] 徐乃湘．博物馆陈列艺术总体设计．北京：高等教育出版社，2013.

[37] 徐新建．日本的文化遗产保护体制、保护意识及文化遗产学学科化问题．成都：四川大学出版社，2009.

[38] 喻学才 . 文化遗产保护与风景名胜区建设 . 北京：科学出版社，2010.

[39] 苑利，顾军 . 非物质文化遗产学 . 北京：高等教育出版社，2009.

[40] 昝廷全 . 传媒经济研究与拓扑传播学探索 . 北京：科学出版社，2011.

[41] 张庆善 . 中国非物质文化遗产 . 北京：文化艺术出版社，2007.

[42] 张杨 . 非物质文化遗产保护中的政府保障体系研究 . 上海：华东理工大学，2007.

[43] 赵方 . 我国非物质文化遗产的法律保护研究 . 北京：中国社会科学出版社，2009.

[44] 仲富兰 . 民俗传播学 . 上海文化出版社，2007.

[45] 庄孔韶 . 人类学概论 . 北京：中国人民大学出版社，2006.

[46] 邹统钎 . 遗产旅游发展与管理 . 北京：中国旅游出版社，2010.

[47] [美] 阿伦・威尔达夫斯基 . 预算过程中的新政治学 . 上海：上海财经大学出版社，2006.

[48] [美] 阿伦・威尔达夫斯基 . 预算：比较理论 . 上海：上海财经大学出版社，2009.

[49] [美] 阿伦・威尔达夫斯基 . 预算与治理 . 上海：上海财经大学出版社，2010.

[50] [美] 詹姆斯・E・安德森 . 公共政策制定 . 北京：中国人民大学出版社，2009.

[51] [美]W. 阿瑟 . 刘易斯 . 经济增长理论 . 北京：商务印书馆，2002.

[52] [美] 米克塞尔 . 公共财政管理：分析与应用 . 北京：中国人民

大学出版社，2005.

[53] [日] 西村幸夫 . 再造魅力故乡——日本传统街区重生故事 . 王惠君译 . 北京：清华大学出版社，2007.

[54] [法] 卢梭 . 社会契约论 . 何兆武译 . 北京：商务印书馆，1982.